Para Carl

Un ser de

Mariana.

De Crisálida a Mariposa

Libérate de tus confines

y vuela hacia tu plenitud.

Mariana Bonilla-Posse

ISBN: 0615600484
ISBN-13: 9780615600482

LCCN:

En amorosa dedicación a

mi abuela Magolita Meisel de Bravo

por su ejemplo de vida.

A mis padres Jorge y Silvia de quienes

aprendí el amor incondicional.

A mi esposo Rodrigo por su paciencia

infinita y su fe en mi.

A mis hijos

Laura, Gabriel e Isabella,

mis grandes maestros.

En memoria de Nacho

CONTENIDO

PRIMERA PARTE

LA FORMACIÓN DE LA CRISÁLIDA

SEGUNDA PARTE

COMO SALIR DE LA CRISALIDA

AGRADECIMIENTOS

Ante todo al Padre, Fuente de toda Creación por su inspiración y por los milagros de todos los días.

A mis ángeles y Maestros del cielo por su compañía y por ser mis guías constantes.

A mis ángeles de la Tierra:

Mi hermana Paula y mi gran amiga Martha por su fe en mí y por todo su trabajo desinteresado en la materialización de mis sueños.

A mi hermano Ernesto y a Adita por estar siempre en mi vida.

Finalmente a mis queridos amigos:

Nelly, Jenny, Indira y Willie por su gran apoyo y sus palabras de aliento.

PRÓLOGO

"De Crisálida a Mariposa", nos introduce gentilmente en un área donde la naturaleza de los cambios puede llegar a ser tan profunda que, en un "efecto mariposa" el lector logra, aplicando el método de life coaching propuesto por Mariana, alcanzar el **Life Coaching**, en un proceso que lo llevará de lo personal, a lo colectivo y así… a lo cósmico.

Al decir de Mariana: "Y es que inevitablemente nuestros pensamientos, emociones y actos tienen repercusiones tan inimaginables para nosotros en este plano de existencia como sería para la oruga el poder imaginar el mundo desde el punto de vista que tendrá cuando sea una mariposa."

Así, nos guía a través de su técnica, en la metamorfosis de oruga a mariposa, capaz de polinizar el entorno, en el alcance de su vuelo; el mundo, en la medida de su capacidad de procrearse, alcanzando cada vez estados, emociones, lugares "inimaginables", en un proceso de evolución constante. Un proceso, que, una vez comenzado, sólo nos permite una cosa: crecer, evolucionar y expandirnos. No hay límites en este camino, más que los auto impuestos. Aquí, página tras página, nos enseña a identificarlos y superarlos.

Lenguaje claro, accesible, directo, con ejemplos cotidianos y fácil aplicación, hacen de esta propuesta un camino, un interesante aporte para lograr una profunda expansión de conciencia a través del "paso a paso" propuesto.

Mariana Bonilla-Posse vuelca con profundidad y sencillez su propia experiencia y la cristaliza en un estupendo trabajo dirigido a optimizar la sabiduría interior.

Nos lleva a descubrir nuestras propias claves para evolucionar hacia la libertad y el conocimiento de nuestro ser, hacia la "Maestría de nuestro poder creador", enseñando la importancia e influencia del lenguaje más allá de las palabras: el lenguaje energético, aquel que transmitimos a través no sólo de las palabras, sino de los pensamientos, acciones, actitudes, emociones.

A fin de ubicarnos en el contexto adecuado para entender nuestra capacidad de cambio y evolución así como su inter relación con el entorno, nos entrega en la primera parte de su libro, en una excelente síntesis, valiosa información que facilitará la aplicación de este método así como la comprensión del sí mismo.

Mujer abierta y de principios, amorosa madre, amante esposa, mujer de negocios, profesional consciente y respetuosa del otro, Mariana Bonilla-Posse, se muestra aquí, como una excelente comunicadora, guiando al lector a ser su propio coach, un auténtico director técnico de la propia vida con la conciencia de su repercusión en un entorno cada vez mayor.

Nelly Méndez Allegrin Life-Coach Sistémico

Instructora de Registros Akáshicos -Akashic Record Consultants International

Embajadora sede de ARCI para Latinoamérica y Europa en Uruguay

PREFACIO

En lo más recóndito del corazón, y a pesar de las dudas que el mundo y mis procesos internos han experimentado en cuanto a la existencia de un Ser Supremo, siempre he tenido la sensación en lo más íntimo, de que hay un mundo mucho más extenso y complejo que coexiste con aquel mundo palpable en el que yo me muevo. El Ser Supremo de mi imaginación ha cambiado de cara y forma en mi mente mil veces. He acudido a él en los momentos difíciles de mi vida, y me he olvidado de su existencia, o de la necesidad de creer en ella cuando la vida me ha sonreído y cuando me he sentido en la cima del mundo.

En la búsqueda de la verdad y con mi gran sed de conocimientos he leído la Biblia completa por lo menos 3 veces en mi vida; el Antiguo Testamento era uno de mis libros favoritos cuando era niña. Lo leía como quien disfruta cualquier libro de cuentos infantiles, con sus historias heroicas, trágicas y milagrosas. Mi educación católica pero benevolente con un Dios de amor, gracias a mi madre, me introdujo a Jesús y su vida ejemplar y lo hice mi Maestro pues me siento muy allegada a sus maravillosas enseñanzas y ejemplo de vida.

Durante algunos años resolví entregarme a una vida en la cual estudié, me casé y me fui a vivir a Estados Unidos estando muy joven. Encontré la vida que había soñado y me dediqué a ser la esposa de un hombre extraordinario y exitoso y me entregué feliz a la carrera de ser madre. Mi mundo estaba completo y no necesitaba mucho de Dios. En mi vida estaban todas las respuestas.

Después del nacimiento de mi hijo, quien nació con problemas de salud muy serios y desesperanzadores, se desplomó alrededor mío aquel mundo que yo consideraba sólido y predecible, como si hubiese sido construido de arena. En aquel rincón oscuro en el que nos encontramos mi esposo y yo súbitamente, todo, incluyendo su carrera se había desmoronado y pensamos que estábamos totalmente solos.

Fue en ese momento donde se desencadenaron una serie de eventos en mi vida que la mente analítica no podía explicar, y por lo tanto éstos me dejaban con la única alternativa de abrir aún más la puerta de lo milagroso. Ese mundo que en aquel punto de mi vida había sido olvidado, aquel aspecto de la realidad que se encuentra un poco más allá y que empezó, por necesidad, a convertirse cada vez más en parte de mi vida cotidiana.

Mi búsqueda para explicar el cómo y por qué de todas estas experiencias se reanudó intensamente leyendo cuanto libro de todo tipo caía en mis manos. Empecé por libros sobre santos como San Francisco de Asís y San Agustín, revisité lecturas de autores como Lobsang Rampa y otros nuevos de filosofía oriental. Inevitablemente me encontré con autores norteamericanos de la llamada Nueva Era tales como Wayne Dyer, Louise Hay, James Redfield, John Assaraf, Marianne Williamson, Doreen Virtue, John Holland y Deepak Chopra entre muchos otros. La ciencia siempre me ha fascinado, y además de todos los textos e información médica en la cual me sumergía para poder tomar decisiones en cuanto a la salud de mi hijo y su desarrollo, leí libros escritos por médicos y cirujanos que describían sus experiencias de curaciones milagrosas, o lo que era tildado como "curaciones inexplicables y extraordinarias". En éstas múltiples historias se exploraban las posibilidades en la mente científica médica, de la conexión entre el mundo de la mente y las emociones, y de intervenciones inexplicables, para producir sanación.

Uno de ellos es el Dr. Bernie Siegel, cirujano oncológico de quien leí el libro "Love, Medicine & Miracles", es decir, "Amor, medicina y milagros". Los libros del doctor en siquiatría Dr. Brian Weiss abrió la puerta de la posibilidad de la vida después de la vida de una manera más comprensible y aceptable desde el punto de vista intelectual. También me interesé mucho en libros científicos como Stephen Hawking y el profesor de fisica Leonard Mlodinow, entre otros.

Absorbía cual esponja toda la información que caía en mis manos en mi búsqueda de la Verdad. Resolví que la Verdad Absoluta existe, pero que la única que realmente importa, para mí, es Mi Verdad, la cual es un fragmento de la Verdad Absoluta, tan personal y modelada de acuerdo a mi identidad y mi propósito de vida, como lo es mi identidad como ser.

Mi mente me indicaba que en la ciencia está la verdad palpable y calculable, pero mi corazón, unido a experiencias de mi vida, muchas de las cuales han sido milagrosas, me ha indicado que yo soy mucho más de lo que pueden percibir mis sentidos.

¡Llegué a la conclusión de que todas las filosofías, religiones y teorías científicas decían básicamente lo mismo! ¡Todas son simplemente un componente de la Verdad Total! ¡Mi corazón y mi mente pueden coexistir en armonía y las filosofías orientales y occidentales se complementan! Las diferencias no son reales sino percibidas y creadas, simplemente, por las barreras del lenguaje y las connotaciones que para cada persona tienen las palabras, y por el ego.

Me encontré un día ante la necesidad de comunicar mis inquietudes y conocimientos y empecé a tener reuniones en mi casa con amigos y conocidos. Para mi gran sorpresa "la búsqueda" era tan intensa o más en muchos de ellos que en mí misma. Me encontré en el papel de moderadora de los temas, y en el transcurso de dos años de charlas, luego de adquirir una cierta cantidad de certificados y entrenamientos que van desde la Certificación como Practicante Angélica, "Certified Angel Practitioner", pasando por dos niveles de Reiki, algo de entrenamiento en efectos curativos de los aceites esenciales y lectora certificada de Registros Akásicos me encontré ante la pregunta más importante en ese momento: ¿Qué voy a hacer con todo esto?

Un día durante una reflexión sobre el propósito de mis conocimientos combinado con mis deseos fervientes de ayudar a ampliar la conciencia de una manera práctica, empecé a escribir lo que eventualmente se convirtió en un sistema de Life Coaching o entrenamiento guiado para la transformación interior y de vida.

El programa de cambio personal que introduzco en este libro ha sido inspirado a través mío, por la Fuente Creadora pero muchas de las ideas parten de las técnicas y enseñanzas de autores y maestros modernos. Son enseñanzas de origen muy antiguo, combinadas y expresadas en términos actuales, y con mi estilo y entendimiento personal. Las ideas que expreso están inspiradas también por la sabiduría de la raza humana, que ahora está dispuesta y lista en mayores números, para saltar al siguiente nivel de evolución.

Este libro describe un sistema de reinsertación de convicciones. Empezaremos con las ideas y conceptos en los que se ha basado mi trabajo y seguiremos, en la segunda parte, con los pasos a seguir y las herramientas que te ayudarán en este camino. Espero conseguir inspirarte a crear tu vida ideal, y guiarte de forma práctica para abrir la puerta maravillosa en tu camino de la evolución personal consciente.

PRIMERA PARTE

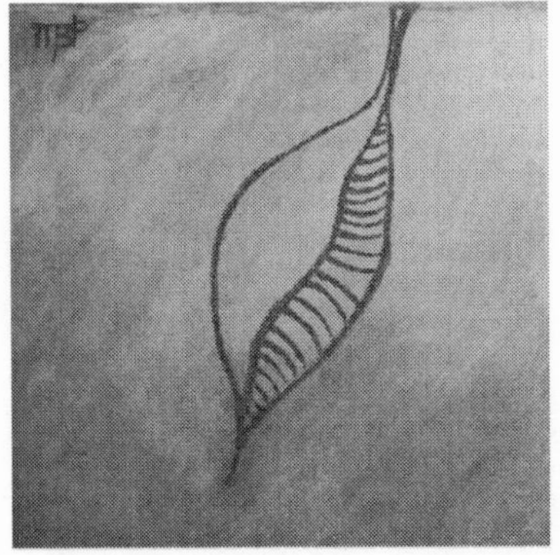

LA FORMACION DE LA CRISALIDA

CAPITULO I

La Crisálida y la Mariposa

Siempre me ha fascinado el proceso de la metamorfosis de la mariposa, la cual no es muy diferente a la de otros insectos, pero es la más dramática de todas por ser el resultado tan espectacular. Este proceso, como ya saben, se inicia con un huevo pequeñísimo y aparentemente abandonado. De cada huevito emerge una oruga totalmente desprovista de atractivo para el observador casual, y la cual se dedica a devorar cuanta hoja encuentra a su paso. Cada vez que crece demasiado para las dimensiones de su piel, emerge de ella con una piel nueva dejando atrás, sin miramientos, la que ya no le sirve. Más adelante, y cuando su vida de oruga se acerca a su fin, se dedica a construir su crisálida. Utiliza por pegante o pegamento el material sedoso producido por su cuerpo y, junto con hojas y palitos, construye su envoltura en un lugar protegido de los elementos y de otros peligros. Luego esta oruga ya encerrada y cobijada dentro de la crisálida, se dedica a descansar pacientemente y a permitir que se desarrolle el proceso que le dicta la naturaleza.

Tal vez "sabe" que hay un propósito en este descanso, en este tiempo de inactividad, y en este lugar de límites tan cercanos, donde hay más oscuridad que luz, y muy poco espacio para moverse, pero donde probablemente se siente a salvo.

Es posible que "aprenda" a tener paciencia, a confiar en el proceso, a entregarse a lo que ella percibe que debe hacer, probablemente sin tener idea de la razón de esta espera. Simplemente se entrega.

El día llega cuando el clima y las circunstancias son las indicadas para continuar a la siguiente etapa de su camino, y aun cuando esto signifique el enfrentarse a lo desconocido, su programación del ser empieza a despertar en ella la necesidad de dejar atrás su confín, y tal vez con algo de temor o excitación ante lo desconocido, corta las paredes de su pequeño mundo con lentitud y cuidado. Ve de nuevo la luz del sol en toda su gloria, la cual probablemente ya había olvidado, y poco a poco, con ayuda de su calor y llevada por el instinto, empieza a desplegar sus hermosísimas alas.

Este regalo divino lleno de colores que ahora emerge de su cuerpo tal vez la sorprende. Se entrega al momento, y de pronto, en un instante, "recuerda" para qué son esas nuevas extensiones coloridas y radiantes, y descubre que, además de ser un adorno que no tiene idea de cómo fue que se hizo merecedora de recibir, puede ser utilizado para volar y ser libre. En un instante y dejando atrás sus titubeos, se lanza a los aires en lo que es, simplemente, un acto de fe. Sólo puedo imaginar cuán maravillosa será la sensación de libertad que experimenta, y que al ser ella simplemente una mariposa, acepta esta nueva etapa de su existencia sin preguntarse siquiera cómo sucedió este milagro. Ahora vive en un mundo multidimensional que no podría ni haber imaginado en su existencia anterior de oruga; puede ir a donde quiera y vivir el resto de su corta pero intensa existencia disfrutando de su vida en el aire y alimentándose con el exquisito néctar de las flores. En reciprocidad por el regalo de su hermosa vida, dejará los huevitos que perpetúan la existencia de su especie, y polinizará las flores que le dan su sustento, contribuyendo así a la continuación de la Creación.

Cada etapa que sucede en la metamorfosis de la mariposa es dramática y tiene un propósito muy definido. Cada cambio es el cierre de un ciclo, una conclusión de la forma y la misión, lo cual da lugar al nacimiento de una forma de vida y a un mundo nuevo y más amplio. Es el nacimiento del siguiente ciclo.

Tal y como sucede con las mariposas, los cambios en la vida del ser humano son, en cierto modo, también el fin, en parte, del ser que fuimos. De nosotros depende que el renacimiento a ese nuevo mundo que se nos presenta nos inspire, a pesar del temor, para salir y desplegar nuestras alas en el camino de nuestra propia evolución, en lugar quedarnos dentro de una crisálida a la que estamos acostumbrados, con las alas cerradas y sin siquiera comprender que estamos existiendo dentro de confines virtuales creados por nuestras propias convicciones de limitación.

La inquietud que les quiero introducir es la de la posibilidad real de llegar al fin, a ser la mariposa libre y perfecta en su forma, que pasa sus días gozando de su existencia y cumpliendo con su propósito divino dentro de su mundo. Luego y en el momento indicado, continuar por el camino de la evolución del ser en otro plano de existencia y poder dejar atrás actos y obras que hayan impactado positivamente al mundo que conocimos y que un día dejaremos atrás

Y es que inevitablemente nuestros pensamientos, emociones, y actos, tienen repercusiones tan inimaginables para nosotros en este plano de existencia como sería para la oruga el poder imaginar el mundo desde el punto de vista que tendrá cuando sea una mariposa.

En nuestras vidas perseguimos tener una pareja, construir una seguridad financiera, lograr un lugar de respeto en la sociedad, formar una familia y cumplir con obligaciones religiosas. Aun cuando logremos todo esto, en muchos de nosotros, una vez alcanzada una meta o lo que sea que nos hayamos trazado, sigue existiendo una sensación de vacío e infelicidad que con frecuencia pretendemos llenar proyectándonos en nuestros hijos, pertenencias, el trabajo, placeres sensuales, o inclusive adicciones.

Desafortunadamente estamos limitados por nuestras convicciones sobre el mundo, por nuestros paradigmas, y por la idea arraigada de que no lo podemos cambiar. Hay que aceptar el mundo tal y como es y continuar subsistiendo en él, lo mejor que se pueda.

Vivimos en una realidad basada en competir con los demás con la meta de triunfar, para así satisfacer los mandatos y convicciones colectivas de la sociedad en la que nos movemos en nuestra necesidad de supervivencia.

Dentro de este marco de la realidad general, la crisálida de cada persona está formada por las convicciones y hábitos arraigados en la mente no-consciente. Esta crisálida se teje y cimenta a través de sus interpretaciones y racionalizaciones de los comentarios y experiencias a los que está expuesta en su infancia sobre el amor, su valor como ser, lo que es "bueno" o "malo" en su familia y cultura, el dinero, el mundo, el propósito de su existencia, sucesos traumáticos, imágenes en películas o juegos, proyecciones de las convicciones de los seres influyentes en su vida y hasta memorias ancestrales que se llevan en las células.

Estamos tan acostumbrados a nuestro acondicionamiento limitante que para la mayoría de nosotros los cambios, tanto los imprevistos como los esperados, esos cierres de ciclos a los que estamos sujetos, en los que con frecuencia, como la oruga, "dejamos atrás la piel vieja", nos causan temor, desconfianza, resistencia, e ira pues en nuestra experiencia suelen venir acompañados de sufrimiento, o por lo menos, de incomodidad e inseguridad.

El deseo de control de nuestro contorno nace de la necesidad de vencer el miedo a la soledad, la enfermedad, la escasez, el dolor y la muerte. Nuestras convicciones, por lo menos las de la mayoría de nosotros, nos indican que no se puede (o no se debe) tenerlo todo. Por eso la mente prefiere la infelicidad, la miseria, la soledad (o lo que es peor: una mala compañía) y la escasez, con tal de tener la certeza de que tiene su mundo bajo control. Por eso es que estamos dispuestos a continuar en nuestro sueño dentro de la crisálida que hemos construido ya que allí nos sentimos a salvo.

En realidad la mente consciente, la parte analítica de nuestro pensamiento, tiene solamente el poder de tomar decisiones que impactan la vida a corto plazo: si voy a levantarme a la hora indicada para llegar a tiempo al trabajo, o no, de qué color será el auto que voy a comprar, si llamo o no a la chica o chico que conocí, si estudio o no para mi examen de la escuela, si actúo con integridad, etc.

Estas pequeñas decisiones van tejiendo nuestro futuro día a día, a través de los hábitos de pensamiento y actitud.

Todo sigue su curso, en el "status quo", hasta cuando el mundo que hemos aceptado como nuestra realidad, esa crisálida en la que estamos confinados, un día se destruye y nos causa una gran sorpresa. Caemos en cuenta que el mundo predecible, y hasta cierto punto cómodo, a pesar de la infelicidad o el vacío de los sueños no cumplidos, ha dado un vuelco completo, y ¡No hemos podido hacer nada para evitarlo!

Nos toma tiempo aceptar las circunstancias nuevas; los seres que solían ser "conocidos" de pronto nos resultan completamente "desconocidos"; seres que amábamos, súbitamente se van para siempre de nuestras vidas; perdemos nuestros bienes; sufrimos consecuencias de errores cometidos y enfrentamos situaciones inesperadas y dolorosas. Nos queda difícil concebir la idea de que el mundo siga girando en su eje, el sol siga saliendo y poniéndose a diario y los demás sigan en sus mundos personales, mientras el nuestro se ha desmoronado.

Los cambios inesperados y tragedias son una oportunidad para demostrarnos a nosotros mismos de qué fibra interior estamos hechos. Superamos las circunstancias más difíciles que se nos presentan por el deseo de sobrevivir, pero las fuerzas que nos ayudan a lograrlo provienen de un lugar mucho más profundo, y se hacen presentes en los momentos de más necesidad e incertidumbre. No nos queda más remedio que reconocer a esa fuerza interior inexplicable, la cual a lo mejor se nos había olvidado. Una fuerza y un "saber" que vienen del lugar más profundo de nuestro ser.

En las circunstancias difíciles y dolorosas es cuando somos capaces de aceptar que no existe el verdadero control del mundo personal; que lo único que hay que decidir en nuestra nueva vida es si vamos a emerger aun más fuertes, sabios y unidos al Ser Supremo, sea cual sea la idea que tenemos de Él o Ella.

Entonces la pregunta es: ¿Por qué evolucionar y crecer en virtud, carácter y espíritu a través del dolor y el fracaso?

¿Por qué esperar a que mi crisálida, creada con mis convicciones de control y limitaciones se destruya cuando yo ya no quepa allí?

En lugar de ello puedo escoger el emerger yo de ella, como la mariposa, a un mundo nuevo, el dejarme guiar por la sabiduría que hay en mí, y con la ayuda de convicciones distintas, co-crear mi vida de nuevo, siguiendo el propósito para el cual realmente vine al mundo.

Este proceso nos exige ser capaces de lanzarnos a lo desconocido: primero reconociendo y luego exhibiendo, a pesar del temor, nuestros talentos, creatividad y sabiduría. Necesitamos estar dispuestos al conocimiento, o mejor aún, al reconocimiento del ser interior, desprovistos de la personalidad que hemos creado y que no es más que un disfraz. Es también el camino del amor, la fe, la abundancia, la realización a través de la actividad que nos da felicidad, y el empleo de los dones del Alma o el Ser en el servicio del mundo, para llevar una vida plena.

¿Pero cómo se hace esto? ¿En donde reside la clave de ese mundo tan deseado por todos pero que parece tan difícil de encontrar?

Yo deseo desde mi alma y mi corazón, y con la ayuda del Padre, Fuente de Vida, los Seres de Luz y mi más íntima intención de servicio, transmitirte y que recibas, de la mejor manera posible, los conocimientos que he aprendido y estoy aplicando en mi vida, y que han aplicado aquellos a quienes he tenido el privilegio de guiar en su deseo y compromiso de experimentar una evolución consciente de su ser.

Reconoce y derrumba las paredes que has construido a tu alrededor para permitir que aflore en ti el ser humano único y magnifico que ya eres en tu interior. ¡Deja tu crisálida atrás y dedícate a ser libre!

CAPITULO II

El origen

Desde que estaba yo muy pequeña me ha maravillado la perfección que percibo en la naturaleza, y cuanto más minúsculo es el objeto de mi observación, es mayor aún su efecto milagroso en mí. Observaba mis manitos casi de bebé como quien descubre un objeto novedoso dentro de sus pertenencias y, lleno de curiosidad, se da cuenta que puede utilizarlo y controlarlo, sin comprender del todo cómo funciona. Y entonces pensé: Estas "cosas", es decir, mis manos, ¡son parte de mí! A renglón seguido surgió por primera vez en mi mente la pegunta: ¿De dónde vengo?

Esta pregunta es y sigue siendo una de las más importantes, tal vez junto con: ¿A dónde voy?

La humanidad sigue en su búsqueda de estas respuestas y de todas las otras intrigas que nacen sobre la existencia nuestra y de la creación de la cual formamos parte. Y es allí donde empieza el viaje del descubrimiento: investigando la realidad de la existencia a través de la creación tangible.

Mi observación de la realidad palpable sigue siendo hecha, en su mayor parte, a través de los ojos nuevos de aquella pequeñita que fui un día y siguen siendo más las preguntas que las respuestas.

Y es que en mi mente y mi corazón no dejo de plantearme lo siguiente:

¿Cuán perfecto puede ser el Universo en su magnífica Creación, si cada flor, por más mínima que sea, cada insecto, y cada ser vivo, planta o animal, encierra dentro de sí todas las Leyes Cósmicas? ¿Cómo se puede concebir que el equilibrio existente en el cosmos y en todos los reinos de la naturaleza que permite, en toda su perfección la vida en el mundo, no provenga de una forma de inteligencia propia, y como tal, ser una parte, por mínima que parezca, de un plan o programa absolutamente sincronizado y maestro en su envergadura?

¿Qué mente humana, puede ignorar las evidencias de la ciencia que ha demostrado que el patrón de la vida de todo ser vivo está basado en unas cadenas de aminoácidos llamadas ADN y ARN, que son, en conclusión, códigos matemáticos parecidos a los de un lenguaje de programación de computadora? ¡Cada átomo, célula, sistema y organismo en su perfección y funcionalidad es en sí, tan extenso relativamente y tan complejo como lo puede ser un sistema planetario y hasta una galaxia! ¡Todos los reinos y niveles de vida de nuestro planeta equivaldrían proporcionalmente en su complejidad y envergadura a universos dentro de universos!

Existe la posibilidad en nuestra mente de dar lugar a la idea y hasta a la convicción de que el Cosmos, la manifestación más grande que conocemos pueda ser "casual" y no producto de un plan o programa maestro e inteligente.

Esta convicción es muy respetable en cuanto a las teorías científicas y las experiencias de los cinco sentidos físicos se refiere: podemos aplicar todo el pragmatismo del que somos capaces, y explicar, hasta cierto punto, la infinita variedad de astros, galaxias planetas, nuestra Tierra, y sus reinos naturales, la vida y nuestra existencia y todo lo creado a través de la evolución. Todos los descubrimientos científicos respecto al funcionamiento de la vida son como abrir una nueva caja de Pandora pues son más las preguntas nuevas que se plantean, que las respuestas que se consiguen. De esta manera sigue la ciencia en su camino extraordinario y de curiosidad insaciable, en busca del conocimiento intelectual.

La ciencia continúa en su intento de dar una explicación humana palpable y pragmática del origen y funcionamiento del universo que percibimos, y los avances son sorprendentes y admirables. Los adelantos tecnológicos son impresionantes y muy importantes para el bienestar de la humanidad cuando éstos se aplican con la intención de mejorar las condiciones de vida.

La gran pregunta que siempre me hago es: ¿Cómo explicar científicamente la belleza y nuestra capacidad de apreciarla? Esta parecería ser un aspecto totalmente innecesario en un universo donde lo importante es la evolución con miras solamente a la supervivencia de las especies. ¿Dónde radica la necesidad de enaltecer las actividades humanas, a través de nuestras creaciones artísticas y nuestros actos generosos y desinteresados? ¿De dónde surgen entonces los sentimientos tales como el amor, la compasión y el servicio desinteresado a otros, al punto de llegar al sacrificio de la propia vida? ¿Que tienen los aspectos de la creatividad humana como la filosofía y la poesía, y hasta la creatividad que se requiere para proponer una teoría científica que ver con el proceso estrictamente evolutivo y con la supervivencia estrictamente darwiniana de la raza?

El hombre de todos los tiempos y culturas de las que tenemos conocimiento ha entendido intuitivamente, y por sentido común al observar una bandada de aves volar en perfecta sincronización, una escuela de peces en el agua nadando como si fueran un coro de bailarinas, o la organización coordinada y productiva de insectos como las abejas o las hormigas, que todas las funciones de la naturaleza de este planeta Tierra y del cosmos observable con los sentidos físicos, tiene que obedecer, por fuerza, a algún tipo de Coordinación o Programación, aún cuando no hayamos logrado explicarla totalmente. El nombre que le hemos dado a esa Inteligencia varía en todas las culturas, idiomas y sistema de creencias.

Sé que muchos científicos de especialidades diversas han estado observando y midiendo estos fenómenos de conectividad, pues muchos aspectos de esta coordinación se basan en los campos energéticos y electromagnéticos de la Tierra, los cuales al ser ondas, se pueden medir por medio de frecuencias.

Hace poco leí el libro del matemático Steven Hawking y el profesor de fisica Leonard Mlodinow, "The Grand Design" o "El Gran Diseño". Somos muchos los admiradores de este reconocido matemático actual, quien posee una de las mentes científicas más respetadas por su gran inteligencia. En el aspecto humano no se puede menos que respetar igualmente su testimonio de vida, la cual ha vivido en su mayor parte confinado a una silla de ruedas, sin la posibilidad de moverse pero manteniéndose activo en su pasión por la ciencia. Además, según lo que he leído sobre él, ¡ha logrado extender su vida muchos años más de lo que la ciencia médica consideraba posible por su condición!

El título de su libro sugería que llegaría a darnos una idea de cuál o quién es el Diseñador del Cosmos, ya que yo sabía que sus estudios han estado concentrados en la teoría del Big Bang y la explicación matemática y científica de la existencia de nuestro planeta y de la vida en él.

Debo admitir que luego de una lectura bastante interesante, aprendí y recordé mucho sobre la historia de los científicos y filósofos más famosos de los que tenemos conocimientos. El desarrollo cronológico de sus filosofías y teorías para explicar el origen del universo y de nuestro planeta está descrito de manera muy concisa. Comprendí, a "grosso modo", según su análisis, que luego del Big Bang (más una expansión instantánea que una explosión), fueron tan innumerables los eventos y circunstancias que se presentaron, tal la perfección y orden de ocurrencias dentro del espacio en el lugar e instante oportunos, que un solo cambio, por infinitésimo que éste hubiera sido, habría hecho imposible la vida en este planeta.

Además, es su conclusión, e imagino que la de otros científicos y matemáticos modernos, que cada teoría física nueva, ha desplazado y obligado al replanteamiento de teorías previas, las cuales, al ser observables y mesurables matemáticamente, se habían aceptado por un período de tiempo como verdad científica absoluta.

Entonces, de acuerdo con el planteamiento del libro, somos una de dos: producto de la cadena de eventos más casuales y suertudos posible, o la consecuencia de un Diseño Supremo, o causal.

Los conocimientos y avances científicos y tecnológicos de la humanidad en matemáticas, geometría, física, medicina, biología, etc. y de los cuales tanto nos ufanamos, nacieron de nuestra observación y mediciones del cosmos y la naturaleza. La creación de lo observable no obedece en lo absoluto a nuestro entendimiento o nuestra capacidad analítica, o de si tenemos o no la tecnología necesaria para comprobarlo con nuestros cinco sentidos. Las bacterias, virus, etc., existían muchísimo antes de que la tecnología humana creara los microscopios, y la teoría sobre la existencia del átomo fue formulada muchos siglos antes de que pudiéramos verlo y utilizar su poder.

De hecho, lo único cierto, por lo menos en lo que se refiere a la evidencia que nos proporcionan los cinco sentidos físicos e inteligencia cerebral, es que:

DE LA NADA, POR UN PROCESO AUN INEXPLICABLE, LA CREACION EXISTE Y NOSOTROS SOMOS.

De cualquier modo, y aparte de lo que cada cual piense sobre el origen del mundo y de sí mismo, todos nosotros somos seres con conciencia, emociones y con la necesidad de encontrar un propósito a la existencia. En muchos de nosotros esto incluye el deseo dejar algún tipo de legado y testimonio de nuestro breve paso por el mundo, aún cuando éste consista en obtener un lugar en la historia exponiendo y comprobando una teoría científica o cálculos matemáticos innovadores. Otros buscamos la perpetuación de nuestra existencia por medio de legados como obras de arte, la publicación de un libro, la construcción de una edificación magnífica, el descubrimiento de una medicina o método nuevo de curación, la creación de una fundación filantrópica, la creación de un imperio, a través de tener hijos, etc.

Existimos en un mundo palpable que seguimos tratando de comprender, en el cual cada persona ha construido su realidad.

La respuesta a la pregunta "¿De dónde vengo?" sería entonces múltiple. Yo les propongo la idea de que el cuerpo físico es parte de una cadena de sucesos evolutivos de la materia, los cuales se desencadenaron con el "Big Bang". Este es el origen o la fuente. Dentro de estos procesos de la materia se encuentra además toda una dimensión energética que el mundo científico ha estado y continúa en el proceso de explicar y utilizar. Este componente energético del Universo también forma parte de nosotros y tiene un origen común que es la Fuente de toda la Creación. Esta parte del ser humano es la que conforma su corriente de vida y la conciencia de su existencia individual. Tradicionalmente se le ha llamado a esta Fuente de la existencia Dios, entre otros términos, y su interpretación depende de la imaginación y las convicciones humanas.

En este libro busco compartir conocimientos e ideas, producto de muchísimos años de reflexión, de estudio y de aplicación personal, con la intención de ayudarte a recordar quién eres, de dónde vienes y cómo llegar realmente a conocer los diferentes aspecto y dimensiones del Ser. A través de ese conocimiento podemos superar los confines de la crisálida que, de forma inconsciente todos, y cada uno de nosotros ha construido. Si realmente te comprometes con este proceso, podrás llegar a emerger de esos confines como el ser humano que se conoce a sí mismo en su perfección causal y que puede ser libre, sano, próspero y feliz.

Espero poder tener el honor de ser parte de este proceso en tu vida y de contribuir un poco con las herramientas que planteo para que encuentres tus propias verdades y logres llegar a vivir de acuerdo a ellas, en alineación e integridad con tu Ser Potencial.

CAPITULO III

Soy especial

Tú y yo somos seres compuestos de materia y energía, al igual que todo lo que nos rodea. El cuerpo físico es evidente para todos, palpable y absolutamente maravilloso en la perfección de su funcionamiento. Cada cuerpo humano es, en sí mismo, un cosmos en su vastedad relativa y en la sincronización maravillosa de sus funciones; el cuerpo es un vehículo creado para que nuestra conciencia tenga una experiencia humana, con todas las satisfacciones y lecciones que ésta conlleva, en el camino que transcurrimos a través del tiempo para evolucionar.

Además de ser materia, estamos conformados de energía, la cual se puede ya plasmar en fotografías con cámaras como la Kirlian y otros aparatos tecnológicos sensibles como la cámara GDV del científico ruso Dr. Konstantin Korotbov. Nuestro campo energético se puede observar, estudiar y medir y se le ha llamado, entre otros términos, campo electromagnético, campo bio energético, etc. Toda la materia viva e inerte de la Tierra tiene su campo energético o electromagnético, el cual se compone de ondas de energía, las cuales fluctúan y se miden en frecuencias. El campo electromagnético terráqueo o magnetosfera está conectado y es sensible a cambios mesurables que suceden en otros campos energéticos dentro y fuera del planeta tales como llamaradas solares, cambios climáticos, terremotos, cambios geológicos como explosiones volcánicas, etc. La magnetosfera también tiene como función la de actuar como escudo protector y transformador de energías provenientes del espacio que podrían hacernos daño.

De acuerdo con información recibida del geólogo y experto en computación norteamericano Gregg Braden en una de sus conferencias, la cual atendí, y quien es además uno de los pioneros en el diseño del internet, y autor de varios libros sobre temas científicos y espirituales, el mayor cambio en fluctuación que se ha registrado hasta la fecha en el campo electromagnético es el que sucedió el 11 de septiembre del 2001.

La emoción humana de "shock" en todo el globo terráqueo convergieron al unísono cuando miles de millones de personas vieron simultáneamente desplomarse las torres gemelas de Nueva York, a través de la televisión y la red internet. Este suceso envió ondas de tipo emocional, las cuales literalmente alteraron el campo electromagnético del planeta y quedaron registradas por los científicos alrededor del mundo. Se registró un pico en las gráficas que siguen las fluctuaciones de dicho campo energético, el cual fue casi el triple de los registrados desde que empezaron estos estudios, algo nunca visto hasta ese momento. ¡La energía emocional colectiva humana tiene el poder de alterar los campos energéticos de la tierra!

Las personas especialmente sensibles de todos los tiempos le han dado otros nombres a estos campos electromagnéticos que son un patrón o mapa energético de la materia. Nombres como aura, por ejemplo. Hay quienes pueden percibir estas fluctuaciones de otras formas, con lo cual pueden presentir (pre-sentir) que algo importante o peligroso va a suceder, a través de sensaciones físicas, tener sueños, clarividencias y un saber interior o intuición.

Los animales se dejan llevar de estas percepciones al estar conectados a estas ondas energéticas a través de lo que llamamos instinto; al detectar los cambios en las ondas energéticas ellos actúan para ponerse a salvo en anticipación del peligro. Tanto los seres vivos como la materia inerte del planeta contienen e irradian esta energía a su alrededor, en conexión y sincronización con las leyes de la naturaleza e inteligencia coordinadora de la Tierra. Estas leyes están sincronizadas a nivel de todo el globo terráqueo, a manera de programación, y permiten el equilibrio de la naturaleza en las funciones y actividades de todos sus componentes para la preservación de la vida en nuestro bellísimo hogar azul y verde. Este aspecto de la identidad planetaria con inteligencia ha sido llamado Madre Tierra o Gaia.

Los seres humanos del pasado y algunos pueblos que hoy en día consideramos primitivos también han percibido y utilizado esta conexión y lo que pueden aprender de ella, para su supervivencia. De hecho pienso que todos nosotros hemos tenido experiencias inexplicables a través de nuestra intuición; un saber que nos indica que estamos en peligro o una vocecita interna que nos guía y ayuda, y que tiene poco que ver con nuestra inteligencia analítica.

Somos seres vivos en el planeta Tierra y como tales obedecemos a las leyes de la biología orgánica. Nuestro aspecto energético opera de acuerdo con los aspectos electromagnéticos al igual que todos los demás componentes de la naturaleza y el cosmos. Sin embargo contamos con una inteligencia analítica y una conciencia individual existencial que nos permiten ser los únicos seres en este planeta, capaces de crear intencionalmente.

Tenemos la capacidad de comprender y manipular las leyes de la naturaleza en aras, no solamente de mejorar las posibilidades de sobrevivir, sino también para buscar la seguridad, la comodidad y la gratificación sensual de la especie. Igualmente somos capaces y libres de destruir intencional o irresponsablemente a nuestro entorno, y hoy en día, de destruirnos como civilización y como raza. Esta capacidad nos permite ser los Diseñadores y Arquitectos de nuestro mundo. Es precisamente en este poder que estamos hechos a imagen y semejanza del Gran Diseñador, la Inteligencia Suprema que dio origen y que es aún parte de nuestra inteligencia.

El ser humano y todos los seres vivos tienen componentes densos que llamamos **materia** y componentes energéticos que en las personas se ha llamado **espíritu**.

Como seres humanos, entonces, en nuestros atributos tanto físicos como espirituales, poseemos los dones de libertad intrínseca y de poder creador. Estas son facultades humanas que pertenecen a todos y cada uno de nosotros, estemos dormidos o despiertos en nuestra conciencia, los percibamos o no. Utilizamos a diario nuestro poder creativo siendo éste la herramienta más bella y la mayor bendición, tanto como el instrumento que destruye nuestros sueños, nuestras vidas y nuestra felicidad.

¿Quién de nosotros que mire hacia el pasado y vea su vida tal y como es de manera objetiva, podrá decir, en toda honestidad que ésta no es exactamente, en todos los logros, fracasos, limitaciones y convicciones, tal cual la concebimos en nuestra imaginación y en nuestros paradigmas? Si realmente miras tu vida como quien observa una película sabrás que el lugar y circunstancia donde te encuentras son producto de tu propia manifestación.

¿Pero cómo es posible que teniendo este gran don, tantos de nosotros no lo sepamos, por lo menos conscientemente?

A través del conocimiento personal y la intención sincera de mejorar tu vida aprenderás cómo evolucionar en conciencia y cómo empezar a vivir el potencial que tienes como parte que eres de la

Creación. Recordarás cómo integrar tus componentes materiales y energéticos, es decir, cuerpo, mente y alma de una manera intencional para llegar a ser equilibrado y completo.

Si te comprometes a conocer y reconocer tus paradigmas y a lograr la reintroducción de convicciones que sirvan en tu vida positivamente, podrás experimentar un estado mayor de felicidad y amor, y un triunfo sobre los obstáculos creados por ti mismo, la cultura y tus experiencias, las cuales tienden a mantenernos en un estado de tensión, infelicidad y fracaso.

Hay que estar dispuestos a aceptar que ya no tendremos a quién culpar de nuestra infelicidad o de las decisiones que consideramos, en un momento dado, erróneas.

Se trata de estar listos para asumir total y absoluta responsabilidad de cada uno de nuestros actos, lo cual puede ser un poco difícil para el ego. Sin embargo, con esta realización también llega la liberación de saber que se pueden romper los patrones de conducta que nos impiden llevar a cabo nuestros sueños y aprender a aprovechar ese gran regalo que nos ha dado el Gran Creador, lo concibas como tu Ser Interior, o el Padre Celestial. Utilizarás la capacidad que tienes y el derecho de evolucionar como ser, a la vez físico y divino para así co-crear la vida plena concebida para ti y por ti.

El secreto consiste en llegar a tener maestría sobre nuestro poder creador, y la realización de que obtenemos la paz y la plenitud cuando empezamos a vivir nuestras vidas en sincronización con la Luz que nuestro cuerpo energético contiene y que está conectada con el planeta y su naturaleza, nuestros semejantes y a la Fuente Creadora.

Conseguiremos esta maestría reconociendo primero cuáles son nuestras convicciones más íntimas para poder reconocer las que conforman la crisálida y nos obstaculizan. Aprenderemos a relajarnos y a escuchar nuestra sabiduría. Reconoceremos cuál es nuestro propósito de vida. Por último utilizaremos diferentes técnicas para reinsertar gradualmente convicciones nuevas en reemplazo de aquellas que ahora nos controlan.

La Verdad está dentro de todos y cada uno de nosotros: la Verdad es que todo lo que existe está compuesto de energía, la cual es luz y la cual muchos llamamos Amor. Lo único que realmente necesitamos es abrir la mente y el corazón a la mera posibilidad de que el mundo es mucho más maravilloso y nosotros muchísimo más complejos y mágicos de lo que nos hemos permitido percibir hasta ahora.

Cada uno de nosotros es un ser único que tiene el derecho divino, la sabiduría, los talentos, el poder y la oportunidad de crear su propio mundo ideal para tener así una experiencia de vida plena y rica. Idealmente, el mundo de cada uno de nosotros llegara a ser guiado por el amor a la vida, según el propósito de cada persona de manera conectada y sincronizada con aquella existencia de mayor envergadura que es la Creación y que nos incluye a todos y a todo.

CAPITULO IV

Más de un cuerpo

Para los cinco sentidos y según lo que sabemos de la biología y anatomía humana, somos un conjunto de sistemas compuestos por órganos, huesos y otros tejidos, los cuales a su vez están conformados por células diferenciadas, todos los cuales trabajan en sincronización para permitir la vida de cada persona.

Los componentes de nuestro cuerpo analizados a niveles microscópicos, nos dan una idea de la maravilla, aún en gran parte inexplicable, que son cada órgano, tejido y célula en su perfección. Cada cuerpo humano es un microcosmos, proporcionalmente tan vasto y maravilloso como el universo entero. Como tal, tiene una inteligencia propia, separada de la que atribuimos a nuestra mente ya que las funciones básicas del organismo son automáticas y logradas por medio de procesos bioquímicos y eléctricos. Se ha comprobado además que hay una comunicación bioquímica directa entre los diferentes órganos del cuerpo y el área del hipotálamo en el cerebro, aparte de la comunicación de carácter eléctrico que existe a través del sistema nervioso.

De la misma manera que el cuerpo físico está compuesto por sistemas y los sistemas por órganos a diferentes niveles de importancia según el espectro de sus funciones, el campo electromagnético de cada persona tiene un conjunto de componentes o cuerpos energéticos.

El campo electromagnético de los seres vivos está conformado básicamente por la expresión de energía básica o corriente de vida, la cual está compuesta de luz, es decir, de fotones o partículas, y también de ondas. Esto quiere decir que el campo personal electromagnético de cada persona o cuerpos energéticos está hecho de luz.

Cada cuerpo energético se encuentra dentro de un espectro vibratorio o "zona", empezando por las zonas de vibración más lenta y continuando hacia las zonas de frecuencias más rápidas o sutiles.

Los cuerpos o niveles energéticos o electromagnéticos del ser humano no son percibidos normalmente por los sentidos, sobre todo cuando no estamos conscientes de su existencia y entonados o conectados con sus vibraciones.

El cuerpo físico se compone de energía que vibra lentamente; luego sigue el cuerpo etérico, o matriz/mapa energético, luego el cuerpo emocional o no-consciente, y luego el cuerpo mental. Estos cuatro son los llamados cuerpos inferiores. Además de ellos, tenemos otros cuerpos y niveles de conciencia aún más sutiles o cuerpos superiores, los cuales vibran a mayores frecuencias.

De la misma forma que el cuerpo físico de cada cual es distinto y único al de las demás personas, el conjunto de los cuerpos energéticos de cada persona tiene características vibratorias de frecuencia determinada, cuyos componentes le dan una identidad separada a la de todos los demás.

Para efectos de comprender un poco mejor todo esto de los cuerpos energéticos nos podemos imaginar que cada persona es como una muñeca rusa de las que llaman matruscas que se anidan una dentro de otra. La más pequeña vendría a ser el cuerpo físico.

El cuerpo energético más cercano a la frecuencia vibratoria del organismo es el cuerpo etérico que viene a ser un patrón o programa sobre el cual se basan las características y el funcionamiento coordinado del cuerpo físico.

El siguiente es el cuerpo emocional. El cuerpo emocional está conectado al cuerpo físico en el área de la pelvis y el estómago principalmente, llegando a la zona del corazón. Este contiene el conjunto de emociones y convicciones de cada persona, y contiene su personalidad y características síquicas de la mente no-consciente. El cuerpo emocional resuena y está conectado con la zona de frecuencias vibratorias que se mueven a través del espacio electromagnético del planeta, en los niveles de frecuencia más lentos, el cual se llama plano astral.

El cuerpo emocional se encarga de percibir las señales energéticas de la naturaleza y las que otras personas y situaciones nos envían. En los niveles de menor frecuencia de esta zona, es decir en el área de menor velocidad vibracional, se encuentran el instinto animal y los aspectos de la intuición humana encargados de la supervivencia en sus niveles básicos. En los niveles superiores del cuerpo emocional o áreas más veloces, las vibraciones corresponden y se acercan a los aspectos emocionales más elevados que se relacionan con los demás y con la naturaleza, de manera despegada del ego, como la admiración a la belleza, la compasión, el amor, etc.

El cuerpo energético mental está en una zona vibratoria donde se encuentran las frecuencias de la mente puramente cerebral e intelectual al igual que los aspectos superiores de la mente, es decir, la conciencia causal de la propia existencia y propósito de vida. El cuerpo mental contiene los patrones de la identidad mental de cada persona y es allí donde se originan los pensamientos.

El cuerpo mental es el responsable de la creación de la realidad personal y colectiva, a través de la conexión con las emociones. El pensamiento unido a la emoción se convierte en un pensamiento-forma. En la medida que el nivel vibratorio del cuerpo mental sea más rápido o alto, así será la calidad de los pensamientos-forma para la manifestación de la realidad.

El cuerpo mental en sus niveles de menor frecuencia se encarga de procesos de pensamiento cotidiano y práctico y se encuentra íntimamente ligado con las conexiones emocionales dedicadas a la supervivencia.

A un nivel un poco más externo en las regiones de vibración un poco más rápida existen también los procesos de pensamiento de tipo intelectual que abarcan entonces aspectos más extendidos de la inteligencia humana con el fin de adquirir conocimientos, de encontrar respuestas y de resolver problemas a nivel personal o extendido a los seres y el medio que nos rodean.

En los niveles más sutiles de vibración, el cuerpo mental se encuentra conectado con la conciencia causal universal creativa y es capaz de recibir información de conocimientos de manera aparentemente inexplicable para la mente lógica. Allí está la conexión con la inspiración. En los niveles superiores mentales, el ser tiene la capacidad de ser el Observador y de tener acceso a conocimientos de la conciencia colectiva y universal. El cuerpo causal forma parte del cuerpo mental en sus áreas superiores de vibración.

La zona vibratoria donde se encuentra la porción causal del cuerpo mental contiene los aspectos de la Mente Superior que incluyen la inteligencia universal y hacen de la Mente Superior un instrumento creativo de realidades que abarcan el beneficio de la humanidad a través de ideologías y logros, aún a costa el sacrificio personal, y realizando actos que desafían la realidad humana.

La conexión entre los cuerpos mental y emocional es más fuerte en cuanto las vibraciones del cuerpo mental se encuentren en los niveles más bajos de pensamiento donde resuenan más íntimamente con las emociones provocadas por la necesidad de supervivencia. Las áreas de conexión del cuerpo mental inferior se encuentran entre el centro del estómago y el centro del cerebro. La mente superior o causal se conecta desde el área que abarcan los centros del corazón hasta la coronilla.

Cuando la Mente Causal Superior de una persona ha adquirido maestría sobre las emociones, éstas no tienen influencia alguna en el proceso de los pensamientos permitiendo que éstos sean puros en su proceso creativo. A este nivel el cuerpo mental se encuentra íntimamente ligado con el cuerpo crístico que es la conciencia integrada del ser, a niveles de vibraciones energéticas de frecuencias muy rápidas.

El único sentimiento que se conoce al nivel mental causal de conciencia crística, es el amor universal, en servicio absoluto y desinteresado a la vida y a la Creación, y el cual no tiene nada que ver con el amor emocional. Los pensamientos son absolutamente puros y se concentran única y exclusivamente en crear la realidad en sincronización absoluta con el propósito personal y alineado con el plan de la creación. Los aspectos energéticos sutiles y lumínicos que hacen parte de nuestra composición como seres humanos son y han sido llamados, entre otras cosas, Divinos.

Cada persona está compuesta entonces de su cuerpo físico y sus cuerpos energéticos o sutiles. A su vez, todo el conjunto está compuesto por los cuatro cuerpos inferiores: el **cuerpo físico** u orgánico, el **cuerpo etérico** o matriz energética del organismo, el **cuerpo emocional**, no consciente o síquico y el **cuerpo mental** con la conciencia superior o cósmica/causal. Los cuerpos aún más sutiles están constituidos por el **cuerpo causal**, íntimamente ligado con el cuerpo mental superior, y luego los **cuerpos crístico o búdico**. Estos últimos están más allegados a la Fuente. La **mónada** que es el componente más sutil de todos es la chispa espiritual, la cual forma parte de la Fuente, o Dios. La mónada es la parte del ser que Es Dios en su esencia; ésta es la chispa divina, origen de la corriente de vida de cada persona.

El **alma** es la conciencia del ser, o la Presencia YO SOY. El papel del alma es el de Observador y guía en el camino de la evolución de cada cual. El alma es el capitán de la nave humana y el puente entre los cuatro cuerpos inferiores y los cuerpos superiores. En ella radican todas las memorias de la existencia de la corriente de vida que le corresponde. El alma es la conciencia que conoce los pensamientos, emociones, intenciones y actos. Allí se encuentra el registro de la historia de cada cual o el libro de la vida personal.

El mundo es una escuela para ayudar en la evolución del alma, es decir de la conciencia. La experiencia humana consiste en tener la libertad de escoger entre las acciones e intenciones del Ser Interior Superior y los sentimientos de la luz o los del ego y las emociones puramente materialistas. Durante el tiempo que residimos en el cuerpo físico es en el alma donde se lleva a cabo la llamada lucha entre aquellos pensamientos, emociones y actos a los que nos impulsan los instintos de supervivencia básicos y nos disminuyen, y aquellos motivados e inspirados por los aspectos superiores del Ser Interior o Superior, y los cuales nos ensalzan.

El secreto de la materialización de la vida ideal radica en permitir que sean los pensamientos-forma provenientes de la mente del Yo Superior los que dicten nuestras motivaciones y actos.

Cada uno de nosotros es un ser especial; una maravilla de la creación en absolutamente todos las dimensiones que nos componen en toda nuestra complejidad, tanto en nuestros aspectos visibles y perceptibles con los cinco sentidos, es decir, físicos, así como en los aspectos divinos.

CAPITULO V

Evolución personal y colectiva

La evolución existe no solamente a nivel de la naturaleza y de acuerdo a las teorías de evolución de las especies de Darwin. La evolución de las especies como sabemos está basada en los cambios fisiológicos y anatómicos de los seres para adaptarse a las condiciones del medio ambiente y poder sobrevivir en la naturaleza. Sin embargo la evolución obedece también a una Ley Universal que se aplica al estado de expansión del Cosmos, a los cuerpos y sistemas celestiales, a los planetas, sistemas solares, galaxias, etc., y lógicamente al planeta Tierra y todos los reinos, sistemas y seres que la conforman.

Todas las especies de la tierra, la tierra misma y los seres humanos estamos en evolución constante.

La evolución humana desde hace mucho tiempo dejó de limitarse al aspecto estrictamente físico de la evolución para incluir en ésta el desarrollo del intelecto con el propósito de controlar el medio en el que vivimos en lugar de adaptarnos nosotros a él.

La Ley Universal de la Evolución también se aplica a la evolución de la conciencia en todos los seres. Por esta razón vivimos en una búsqueda continua del crecimiento a través de nuestros adelantos científicos, tecnológicos y espirituales.

De hecho, ya tenemos muchos logros en estos aspectos, y sin embargo seguimos buscando nuestro crecimiento tanto a nivel personal como colectivo. La mayoría de las personas que conozco y que no son felices me dicen que se sienten estancadas y vacías, especialmente en los ciclos de la vida en que se ha cumplido una meta que tanto se ha deseado y que, una vez conseguida ya no ofrece satisfacción. Y es que cuando esta necesidad de evolución es controlada por el ego, se convierte en la necesidad de competir en poder y dominio con resultados que son, con frecuencia, indeseados y hasta desastrosos.

Hay proponentes que dicen, con mucho sentido para mí, que el alma de cada uno de nosotros escoge antes de nacer las circunstancias y personas con quienes vamos a encarnar para aprender las lecciones que necesitamos en el camino de la evolución personal. Todos nacemos perfectamente equipados para aprender estas lecciones y también tenemos el derecho de "perder el grado". Nuestra evolución individual cuando está movida por una conciencia espiritual o humanística, es decir, cuando incluye el bienestar de otros, nos lleva a sentirnos más felices y satisfechos. Es el alma o ser interior de cada persona en donde se lleva a cabo esta evolución. El alma es el vehículo que nos permite registrar en nuestra conciencia las experiencias vividas y de encontrar el servicio perfecto, pues es a través del servicio y del amor por la humanidad que realmente encontramos la plenitud y la abundancia. De esta manera el alma transciende a un plano superior.

Dentro de este marco de evolución la vida en el mundo tiene como objetivo principal el de experimentarla en su totalidad. De cada uno de nosotros depende gozar de la vida, pues ésta es un regalo precioso en tanto que aprendemos las lecciones de crecimiento que vinimos a experimentar. A través de la experiencia intensa de la vida y la aplicación de los talentos personales en el existir cotidiano es que se alcanzan la abundancia y la felicidad.

Cada persona tiene un concepto distinto de Dios y por eso utilizo otros términos para expresar la Fuente, Ser Supremo, Ser Superior, El Creador, El Universo, etc. Las personas que son ateas o agnósticas creen en la existencia de su propia conciencia, siendo igualmente ellas el creador o creadora de sus vida, pudiéndose beneficiar también de las inquietudes e instrucciones que yo les propongo para que su viaje en este mundo sea aún más enriquecedor en todo aspecto.

Sabemos que el cuerpo físico, pertenece y obedece a las leyes de la naturaleza en todas sus funciones las cuales son perfectamente sincronizadas, y nos permiten tener vida. Cada célula, órgano y sistema trabajan en coordinación absoluta, y sus códigos orgánicos automatizados nos permiten subsistir, reproducirnos y obtener este vehículo de carne y hueso en el cual podemos experimentar la vida en este plano orgánico.

La inteligencia mental analítica como tal está ligada con la supervivencia dentro del mundo humano, y su objetivo es asegurarse de la supervivencia del cuerpo y la perpetuación de sí mismo a través de los hijos. Para la mente material lo único que existe es el cuerpo físico y quiere sobrevivir a toda costa. Por consiguiente la mente opera bajo la convicción que le ha dado la experiencia, de que la muerte es inevitable y tiende a basar la vida en tratar de evadirla a cualquier precio. Solamente se guía por los sentidos físicos. El intelecto humano basado en la información que obtiene a través de los cinco sentidos nos lleva a la convicción de que SOMOS el cuerpo físico.

En la necesidad de supervivencia, la mente cerebral y analítica justifica todas nuestras acciones constructivas o destructivas con tal de tratar de controlar los peligros como la enfermedad, la pobreza, el abandono y la muerte. Para ello la mente se dedica a conseguir el dinero y el poder a toda costa y existe en un mundo de escasez, competición e inseguridad.

La mente analítica e intelectual que vive en ese mundo que menciono nos es útil en situaciones de peligro físico para reaccionar en la propia preservación. Por ser el intelecto el siguiente paso en la evolución de nuestra especie, la mente humana logra disfrazar esta necesidad básica con el éxito mundano de dinero, fama, etc. Pero si la dejamos actuar libremente con nuestra conciencia superior dormida, se convierte en un agente de desdicha y destrucción personal y colectiva y aún más, en un obstáculo para la continuación de nuestra evolución.

Entonces ¿en qué consisten ahora la expansión y la evolución humana? ¿Por qué somos tantos los que sentimos la necesidad de "algo más" en la vida? ¿Y qué tiene que ver esa necesidad de evolución conmigo o contigo en la vida cotidiana? ¿Es eso lo que me está sucediendo en este momento que siento que todo está cambiando y que estoy en una búsqueda que mi interior me exige, pero que tal vez no sé de qué se trata ni por dónde empezar?

La respuesta está dentro de cada uno y el secreto consiste en estar dispuestos a desnudar nuestro ser ante nosotros mismos, descubrir lo que queremos cambiar con la intención de hacerlo, y emerger con una conciencia mucho más amplia. Podemos adquirir la capacidad de ver el mundo desde un ángulo panorámico y vasto en lugar del punto de vista que nos ofrecen los confines de nuestra propia mente y paradigmas.

Dentro del mundo en que estamos existe la conciencia individual, que interpreta y crea el mundo personal, y la conciencia colectiva, la cual está creada por las convicciones grupales.

La conciencia grupal empieza en el núcleo familiar, continúa en la comunidad en la que cada cual uno se mueve, el barrio, ciudad, país, continente y el mundo en general. La conciencia colectiva tiene componentes de nivel socio-económico, étnico, cultural, religioso, profesional, lingüístico, de ciudadanía, etc. En ella existe la unidad con los que consideramos semejantes a nosotros, y la división con aquellos que consideramos de otro grupo. Esta unidad grupal sigue siendo nuestra individualidad extendida, creada por una necesidad íntima de estar acompañados y de pertenecer o de ser UNO. Sin embargo al excluir a otros grupos estamos cayendo de nuevo en las trampas de la mente puramente física o carnal que se basa en convicciones de separación. Satisfacemos la necesidad de pertenencia pues sabemos instintivamente que hay más seguridad en el grupo, pero creamos conflictos con otros grupos, lo cual conlleva guerra y destrucción.

La conciencia colectiva al crear la misma señal energética de pensamientos, convicciones y emociones, manifiesta una realidad para el grupo.

Por ejemplo la convicción colectiva de que los Estados Unidos es "la tierra de la oportunidad", el Sueño Americano, donde todos pueden llegar a triunfar en lo que emprendan permite que se manifieste esa realidad.

Las personas llegan a ese país dispuestas a emprender su nueva vida con optimismo, fe, creatividad y liberándose de limitaciones y expectativas culturales que las bloqueaban en su entorno. Entonces la manifestación de su nueva realidad es una consecuencia de su cambio de convicciones individuales, acompañado de las mismas convicciones colectivas del nuevo país, las cuales facilitan el proceso.

Entonces una ciudad o país son simplemente localizaciones geográficas. Las convicciones colectivas que sus habitantes tienen sobre su identidad, sus valores y sus posibilidades son las que caracterizan el tipo de realidad que ellos viven.

Como vimos con el ejemplo del registro tan marcado del cambio electromagnético de la tierra cuando los sucesos de septiembre 11, 2001 en Nueva York, la conciencia y emociones colectivas tienen alcances enormes a todos los niveles de la realidad humana, tanto de la vida cotidiana, como a nivel energético. Cada grupo manifiesta su realidad tal cual es, incluyendo a sus líderes.

Por eso es tan importante especialmente en la era de las comunicaciones globales e instantáneas aprender a discernir en la conciencia individual si uno se va a unir a una conciencia colectiva que manifieste destrucción y odio, o a la que cree en un mundo mejor, en la unidad del ser humano, la abundancia para todos y el amor universal, a pesar de las apariencias.

La conciencia colectiva puede ser y es manejada a través del miedo y los trucos de mercadeo y propaganda que nos hacen actuar como ovejas en un estado de hipnosis. Sin embargo todos tenemos la opción, a través de una conciencia ampliada, de ejercer el discernimiento personal y escoger qué tipo de información vamos a asimilar, y si vamos a exaltar o no las características del amor y de la luz, es decir las positivas. Un solo individuo puede elevar la conciencia colectiva, o hundirla para sus propósitos egoístas, y cada ser humano tiene ese poder. Es la decisión de cada uno si va a dejarse influenciar por una corriente u otra y si va o no a ser un agente del temor o uno de la fe, un aliado de la oscuridad o de la luz.

A nivel de la conciencia colectiva ya sabemos que la mayor herramienta es la palabra, y ahora las imágenes que vemos en los medios. Sin embargo, a nivel energético, que es más potente si somos conscientes de ello, la oración en la fe por otros y el mundo, los deseos salud y paz para todos, la generosidad de corazón y el amor universal son aun más poderosos. El solo meditar y reflexionar pidiendo desde el corazón por el bien de la humanidad cambia las vibraciones planetarias. En este momento hay innumerables grupos de todos los credos y filosofías a través del mundo realizando este tipo de trabajo por parte de los hombres de buena voluntad.

Existe un punto llamado masa crítica, la cual en términos nucleares se refiere al punto en el cual hay un equilibrio, y que si se rebasa, se iniciará una reacción en cadena. Estudios socio dinámicos sugieren que este punto crítico, el cual al ser rebasado crea una conciencia social nueva, consiste en un 10% de la población. Esto quiere decir que una vez que un concepto de conciencia excede este punto, por reacción en cadena, se realiza un viraje de conciencia en la totalidad del grupo. Para que el concepto, por ejemplo, de paz cree la paz duradera en todo el mundo se necesitaría que la masa crítica con la convicción absoluta y que actúe coherentemente con esta convicción de paz, sea rebasada.

La conciencia colectiva entonces crea la realidad común a los diferentes niveles de la vida humana y es muy poderosa. La persona nace y se encuentra viviendo dentro de este marco ya creado. La buena noticia es que el individuo que vence los paradigmas de esa realidad colectiva manifestará en su vida personal el éxito y será reconocido por su grupo como una excepción. Es por eso que en el pueblito más pobre y miserable del mundo siempre se encuentra el hombre o mujer rico; el individuo que logra superar la conciencia colectiva de miseria y tiene una convicción de abundancia y éxito para sí mismo. En este principio se encuentra también el origen de los milagros y logros humanos que parecían imposibles.

De la misma manera como la conciencia colectiva influencia al individuo, cada persona ejerce una gran influencia sobre todos los que entran en contacto con ella. Quien va por su día llevando comprensión, alegría, compañía y optimismo a otros causa un efecto dominó en su contorno. Igualmente ejercerá gran influencia si su energía proyectada es negativa.

De hecho una sola persona de convicciones muy fuertes puede literalmente cambiar el mundo, como ya lo hemos visto repetidamente en la historia, para bien o para mal propio y de la humanidad. Cada cual debe decidir si sus actos serán de ahora en adelante los que los profetas, maestros y santos, y el Maestro Jesús nos enseñaron e indicaron con su ejemplo, es decir, aquellos que nos conducen a la creación de un mundo en el cual los límites no existen para el ser humano y su derecho de vivir para la realización y plenitud pertenece a todos y cada uno de nosotros.

La siguiente etapa en la evolución del hombre como ser individual consiste en lograr el cambio de su conciencia y de sus paradigmas mediante el desarrollo y el ejercicio de su maestría mental y emocional con el fin de crear un mundo personal ideal y alineado con su propósito de vida. Este mundo personal ideal tiene como resultado la felicidad, por lo tanto se rige por los atributos elevados, es decir, evolucionados. Como resultado puede influenciar, y de hecho llegar a cambiar la conciencia colectiva, siendo posible crear así la utopía o el reino de Dios en la tierra.

CAPITULO VI

Todo es energía

Las leyes físicas newtonianas que conocemos al nivel de nuestra existencia material en el mundo, al igual de otras leyes físicas posteriores y entendidas e interpretadas por multitud de científicos tan importantes, incluyendo al profesor Einstein, llegando a los físicos más contemporáneos y matemáticos como Stephen Hawking, son también demostrables, aplicables y calculables, siendo todas en mi humilde opinión, como ya había expresado, parte de una misma verdad. Lo que existe y que podemos analizar es simplemente parte de un TODO, como un rompecabezas del cual descubrimos piezas todos los días.

Hasta hace relativamente poco tiempo en la cultura occidental se tenía la certeza de que la mínima unidad que conforma la materia es el átomo. Cabe recordar que el concepto del átomo existe desde la Antigua Grecia y que fue propuesto por los filósofos griegos Demócrito, Leucipo y Epicuro como una necesidad de explicar la realidad, ya que ellos proponían que la materia no podía dividirse indefinidamente. Era necesario que existiera una unidad indivisible e indestructible que al combinarse de diferentes maneras creara todo lo que nos rodea.

En el siglo XX llegamos a comprobar científicamente la existencia del átomo y el poder tan inmenso que existe en esta infinitésima expresión de lo que conforma nuestra realidad. Aprendimos a manipularlo y a utilizar su poder para producir energía atómica la cual hemos utilizado para generar energía eléctrica necesaria para el funcionamiento de nuestras vidas cotidianas, radioterapias para curar enfermedades, y un sinfín de aplicaciones, incluyendo el poder de destruir nuestra civilización y gran parte del mundo como lo conocemos.

En el año 1900 el físico Max Planck buscó expresar por medio de ecuaciones matemáticas basadas en probabilidades, el comportamiento de la energía electromagnética que los cuerpos irradian. Esta energía está constituida por partículas o fotones, y ondas que continúan infinitamente según los cálculos matemáticos. De estos y muchos otros estudios nació la teoría científica cuántica. Esta propone que el átomo no es la partícula más elemental, sino que éste a su vez está compuesto por sub partículas, las cuales son pequeñísimas bolsas de energía o luz, llamadas quarks o cuantos.

Los cuantos o partículas cuánticas se mueven a velocidades tan rápidas y cambian de lugar a tal velocidad, que ha sido imposible, hasta hora, calcular la localización y velocidad a la vez de una partícula. Los resultados de los estudios en pocas palabras, y de una manera simplificada, fueron los siguientes:

1. La energía no es continua sino que se compone de unidades pequeñas y discretas.
2. Las partículas elementales se comportan tanto como partículas como ondas. El movimiento de estas partículas es inherentemente impredecible.
3. Es físicamente imposible saber la posición y velocidad de una partícula simultáneamente. Entre más precisa sea la medida de una variable, menos precisa es la medida de la otra.
4. El mundo atómico no se parece en nada al mundo en el que vivimos. –Wikipedia

El desarrollo formal de la teoría cuántica fue obra de los esfuerzos conjuntos de muchos físicos y matemáticos durante el siglo XX, como Schrödinger, Heisenberg, Einstein, Dirac, Bohr y Von Neumann entre otros.

Los experimentos que se han realizado con respecto a las teorías de la mecánica cuántica, realizados a través de imanes, para la observación, medición de ondas y creación cálculos matemáticos, concluyeron en muchos casos, que el comportamiento de las partículas cuánticas obedece a las expectativas del observador.

De acuerdo con la física cuántica entonces habría que entender que la materia y la energía son simplemente dos expresiones de la misma realidad. Lo que percibimos como materia en sus diferentes grados de solidez no es más que energía que vibra más lentamente. Entre más sólida es la materia, más lenta es la vibración de las partículas subatómicas que la componen, y más fuerte la cohesión entre sí. Entre mayor es la frecuencia de la vibración, menos densa es la materia hasta llegar a ser tan sutil que se escapa a los sentidos físicos. Por lo tanto, si el comportamiento de las subparticulas cuánticas obedece a las expectativas, entonces es muy posible que éstas son información energética capaz de alterar al mundo material. Si la base de la realidad son estas partículas de luz que obedecen a las expectativas del observador, entonces no solamente es posible, sino probable y, de pronto, comprobable, que la realidad de cada persona y todo lo que vemos y palpamos, sea el resultado de la materialización de lo que esperamos que suceda. Los ingredientes necesarios para tener una expectativa son el surgimiento de un pensamiento o idea, acompañado por una deducción basados en una convicción. Es decir que si una partícula se mueve según mi expectativa, entonces solo podrá comportarse de una manera coherente con lo que yo puedo concebir.

La existencia de todas las cosas está ya en un nivel de potencialidad donde lo único que se necesita para pasar de la existencia energética sutil a la "material" es que exista una expectativa. La expectativa está compuesta de una intención o dirección de pensamiento y de un deseo o ingrediente emocional.

¡Entonces la diferencia entre el pensamiento, emoción y el resultado palpable estaría simplemente en la potencia vibracional de dicha "orden" energética!

Entonces, de acuerdo con la mecánica cuántica, la mente, en efecto, crea y afecta el mundo material, y por lo tanto su realidad.

De la misma forma, al estar todo compuesto de energía, el cuerpo humano en todas sus dimensiones y niveles de densidad, es permeable y susceptible a influenciar y ser influenciado por una miríada ilimitada de información energética, la cual es intercambiada constantemente de manera consciente e inconsciente.

Todos estos componentes juegan un papel en la manera como nosotros manejamos nuestros pensamientos y emociones, y por ende, en la realidad que materializamos.

Lo que nuestros sentidos físicos pueden percibir es la energía que vibra en un espectro de frecuencias perceptible para el cuerpo físico, a través de los sentidos.

El cerebro recibe la información, sortea y utiliza primero la información que la mente consciente y el intelecto requieren y comprenden. Todos los demás estímulos, información y percepciones son guardados en la mente no consciente, incluyendo información energética de frecuencias mucho más sutiles.

Es posible, a través de la práctica, el "entonarse" mejor con los aspectos sensibles de los sentidos para empezar a percibir con más claridad a nivel de la mente consiente, vibraciones de frecuencias más rápidas y sutiles, que nuestra mente inconsciente absorbería normalmente, y que con la mente consciente en el estado "durmiente" pasarían sin ser detectadas.

El desarrollo de estas sensibilidades permite que integremos este tipo de información en la mente consciente y la podamos utilizar para ayudarnos a tomar decisiones en la obtención de nuestras metas. El "sexto" sentido o intuición son términos que utilizamos para expresar esa descarga energética de información que tendemos a descartar.

Gran parte de la información energética que percibimos proviene de los pensamientos/emoción o pensamientos-forma de otras personas y las percibimos a través del cuerpo emocional en la zona o plano astral. Esta es bastante cargada y densa en las zonas urbanas.

A medida que desarrollamos la nueva conciencia y nuestra sensibilidad, y vamos transformando o transmutando nuestro ser interior a través de prácticas que aumenten nuestras vibraciones energéticas, empezaremos a experimentar con mayor frecuencia estados emocionales de amor, paz, alegría, etc. También alcanzaremos estados mentales cada vez más conductivos a la creatividad e inspiración. Empezaremos a observar que las relaciones con los demás van volviéndose más armónicas y que las coincidencias o sincronizaciones que se nos presentan para ayudarnos a desarrollar nuestros planes se vuelven más frecuentes.

CAPITULO VII

El lenguaje energético

El lenguaje verbal suele ser limitado a la capacidad y formación intelectual, al idioma y a la cultura. También suele ser víctima de las intenciones y convicciones. La palabra, por lo tanto, tiene el potencial de ser utilizada para el convencimiento y el engaño. El lenguaje corporal es una proyección inconsciente de las intenciones de quien se está comunicando, a través de expresiones físicas y gestos. Este tipo de lenguaje se puede aprender a interpretar para descifrar mejor las intenciones de los demás, y utilizarlo cuando se necesite.

Con el desarrollo de las percepciones sutiles empezamos a percibir, comprender y utilizar cada vez más conscientemente el lenguaje más importante y básico que existe: El lenguaje energético.

El lenguaje de la intuición o proyección energética ya lo conocemos. Nacemos con él y necesitamos simplemente volver a entonarnos y aprender cómo es que este tipo de comunicación funciona a través del cuerpo de cada cual. La percepción energética es muy fácil de descartar a través de los análisis mentales que quieren confirmar lo que nosotros deseamos creer sobre alguien, o sobre una situación que parece servir a nuestros planes u objetivos conscientes, es decir, que obedecen a expectativas.

Es virtualmente imposible para una persona evitar el irradiar hacia el exterior la energía producida por sus pensamientos y emociones. Al ver por primera vez a una persona, al entrar a un lugar, o al encontrarse en una situación determinada hay un saber o una señal que la mayoría de nosotros llamamos intuición. Nuestro ser interior nos comunica la información a través de aéreas energéticas como la del corazón o el plexo solar/ estómago y hasta la piel. Así mismo nosotros comunicamos lo que realmente sentimos y pensamos, pues irradiamos nuestra verdad. Podemos tratarla de esconder por medio de las palabras o drama personal, pero solamente ante aquellos que escuchan a la mente y no a su intuición.

En esta época de las comunicaciones inalámbricas, no es tan difícil comprender que aún cuando las llamadas telefónicas celulares sean millones al tiempo, son las ondas e identidad de las frecuencias vibratorias radiales las que permiten que estas llamadas no tengan interferencia unas con las otras. De la misma manera cada ser tiene una frecuencia vibratoria energética determinada, la cual lo identifica. Asimismo cada persona puede cambiar sus conexiones según los diferentes planos o niveles a través de los que se quiera conectar por medio de la intención.

Creo que a todos nos ha sucedido que al pensar en una persona, a quien tal vez no hemos visto en mucho tiempo, súbitamente recibimos su llamada, o nos la encontramos en el lugar y momento menos esperados. Hemos, de hecho, conectado a través de una llamada inalámbrica. En lugar de marcar un número telefónico hemos enviado una señal compuesta por un pensamiento y un deseo cuya procedencia viene del área del corazón, generalmente acompañado con algún tipo de visualización.

Cabe agregar que el corazón además de estar conformado por células de músculo liso y todos los demás tejidos que forman parte de su sistema, contiene células parecidas a las neuronas, las cuales lo convierten en un sistema de inteligencia aparte del cerebro. El tipo de inteligencia no-cerebral es allegada a la sabiduría; ésta consiste en experimentar conocimientos acompañados de una certeza que no tiene explicación lógica pero que suele comprobarse con los hechos.

Podemos aprender a través de la práctica y activando nuestra intuición a percibir de manera más consciente a las energías sutiles para utilizar la información que nos llega. De hecho, sin saberlo, lo hemos estado haciendo toda la vida cuando sabemos con toda certeza que alguien nos está mintiendo, o no sentimos perfectamente cómodos y confiados con una persona que acabamos de conocer, por ejemplo. En muchos casos obedecemos al corazón en cuanto a no ir a algún lugar en un momento determinado, para comprobar después que nos salvamos de un accidente o una situación incómoda. Son millones las historias de los padres que se despiertan en medio de la noche "sabiendo" que a su hijo le sucedió algo.

Los mensajes más fáciles de percibir provienen de la zona o plano astral, que es el mismo de las emociones personales y colectivas. La información que se encuentra en el plano astral nos afecta de manera cotidiana pues contiene los pensamientos-forma y emociones del contorno.

Este tipo de información es accesible para todos y es la que reciben y utilizan también los llamados médiums, adivinadores y síquicos, pues todo lo que hay que hacer es abrir los canales sensibles al campo astral y "descargar" información del colectivo. Esta información es susceptible a influencias de entidades que existen dentro de esta zona, y que cuando proviene de fuentes de emociones y vibraciones densas pueden ser negativas, perjudiciales y erróneas.

Es importante utilizar mucho el discernimiento cuando se va a utilizar personalmente este tipo de información, o a solicitar orientación de personas síquicas y sensibles a las energías sutiles, pues a veces ellas no tienen el entrenamiento necesario y son presas de engaños, aún cuando sus intenciones sean buenas. Otros utilizan este tipo de información de manera deshonesta para tomar ventaja de la necesidad de otros.

La utilización o don de la intuición se le adjudica a las mujeres y pienso yo que está más desarrollado este instinto en ellas, pues obedece a la necesidad de estar conectadas energéticamente a su contorno para poder atender a las necesidades de los hijos, los cuales no pueden expresarse verbalmente en sus primeras etapas de vida. Esta es una herramienta de la supervivencia. Sin embargo todos, hombres o mujeres tienen la capacidad de comprender este lenguaje energético, y solo es cuestión de conectarse de nuevo a los elementos más sensibles del organismo, y confiar.

De hecho algunos de los hombres más exitosos y famosos del mundo han atribuido sus logros a la inspiración y que experimentaron alguna percepción inexplicable y no del todo racional que los ha guiado a la creatividad, la toma de decisiones correctas y al éxito del que disfrutan.

En mi caso personal, mi intuición consiste en un saber que percibo en el área del centro del pecho en el lugar del corazón energético. Tiene que ver con decisiones financieras y si puedo o no confiar en una persona. En el área alta del estómago siento lo que se podría describir como un nudo o presión, algo parecido al miedo que es más un presagio de peligro ante ciertas situaciones, lugares o personas con intenciones no muy buenas.

Cuando estoy dando charlas que son inspiradas o canalizadas, o cuando estoy transmitiendo mensajes a las personas que están recibiendo una sesión de reiki o una lectura de registros akásicos por parte mía, sé que los mensajes provienen de una fuente ajena a mí, porque siento un cosquilleo eléctrico en toda la piel, empezando por la coronilla de mi cabeza. De pronto "sé" cosas y transmito mensajes sin haberme comunicado primero con la persona que esté recibiendo el coaching o la técnica energética. Esta sensación me indica si la información que estoy transmitiendo proviene o no de mi ego. Tengo una amiga y maestra de reiki que puede percibir los dolores e incomodidades de la persona que está tratando y esto le sirve como indicador para concentrase más tiempo en el tratamiento de unas u otras áreas del cuerpo de su cliente.

Cada persona es diferente en cuanto a la manera de percibir las señales energéticas de otros y de situaciones que se presentan. Es cuestión de conectarse a las sensaciones físicas y llegar a conocerse mejor a sí mismo. Entender y aprender a desarrollar el lenguaje energético es adquirir la herramienta más importante para poder recibir la información que necesitamos para tomar decisiones sabias y para tener una existencia armoniosa con los demás y el mundo en el que nos desenvolvemos.

De hecho cuando observo mi vida realizo que la mayoría de las dificultades que he vivido podrían haber sido prevenidas si hubiera seguido esa "voz interior". Todas las situaciones que podían haber sido evitadas venían con avisos que me habrían ahorrado sufrimientos y malos ratos. Estas las he tenido que repasar y recordar para finalmente aprender a SIEMPRE SEGUIR LO QUE INDICAN MI CORAZON Y MI SENSIBILIDAD. Cuando obedezco a mi intuición evito decisiones de las que luego me arrepiento y manifiesto en mi vida lo que me da satisfacción y felicidad, y no lo que me causa sufrimiento innecesario.

Debemos saber que en el camino de la comprensión y el discernimiento del lenguaje energético en nuestra evolución personal, para obtener los logros que nos pertenecen por derecho divino, podemos contar con los Maestros Ascendidos. Ellos son personas que han logrado diferentes niveles de maestría del ser, y los cuales se encuentran en planos de mayor vibración. Entre ellos se encuentran los profetas, santos y hombres y mujeres que han servido a la humanidad. Jesucristo es el ser humano más cercano a la perfección y a Dios. La madre María, San Pablo el Veneciano, Hilarión, Saint Germain, el Buda y muchos otros son también maestros ascendidos. Su misión de servicio y asistencia para la evolución de la humanidad desde el plano de existencia donde se encuentran. También existen los seres del reino angelical, el cual está compuesto por seres de inteligencia cósmica y cuya conciencia es mucho más amplia y de mayor envergadura. Ellos existen con el único propósito de servir a la Creación. Su presencia pasa normalmente desapercibida pues sus frecuencias vibratorias se encuentran fuera del espectro de nuestros sentidos.

Algunas personas reportan experiencias con Maestros y ángeles en momentos de mucha necesidad o peligro. Aún cuando su presencia se escape a nuestra percepción normal, ellos son muy reales y tenemos su asistencia en el mismo instante en que la pidamos. Al desarrollar aspectos más sensibles de nuestra conciencia y percepción es posible llegar a comunicarse con Maestros, Guías y Ángeles.

Todos queremos evitar el sufrimiento y quisiéramos poder utilizar la intuición para evitarlo. En mi vida he descubierto que las dificultades y retos que he vivido y para los cuales no recibí avisos, han sido las vivencias que contienen las lecciones más importantes de mi vida. Esas eran y son lecciones necesarias para crecer como ser y para despertar a mi propósito en la escuela que es el mundo.

Podemos aprender a través de la práctica y activando nuestra intuición a percibir energías sutiles. Como ya había comentado, las más cercanas son las del mundo astral, que es el mismo de las emociones personales y colectivas. Este nos afecta de manera cotidiana pues contiene los pensamientos-forma y emociones del contorno que desafortunadamente son generalmente bajos y densos; esto tiende a mantener nuestras vibraciones energéticas a un nivel de frecuencia lento y nos influye a través del cuerpo emocional, lo cual nos hace sentir negativos, irritables, intolerantes, etc. y dados a interferencias que no nos ayudan y nos llenan de ruido mental negativo.

La percepción energética astral tiene un origen que interpretaríamos como emocional y afecta de modo inmediato a los pensamientos.

Se ha comprobado por medio de estudios que se hacen sobre el funcionamiento del cerebro que los pensamientos son literalmente ondas energéticas las cuales tienen una conexión íntima con las emociones. El examinador pronuncia palabras que evocan ciertas emociones en el individuo que está siendo estudiado, y éstas activan áreas correspondientes del cerebro. La actividad cerebral resultante es de tipo térmico y electromagnético y se registra y mide a través de electrodos, creando gráficas e imágenes en un computador.

Todo lo que pensamos y sentimos está siendo emitido igualmente hacia el contorno constantemente, tan ciertamente como emisiones radiales o de ondas celulares. La materia permite que haya permeabilidad; es decir, que haya ondas de distintas frecuencias que la penetran. Los pensamientos y emociones alteran las vibraciones de la materia convirtiéndose en señales. El universo recibe estas señales y las interpreta. Todo lo que existe irradia energía y por consiguiente, un mensaje. Nosotros emitimos igualmente nuestros mensajes energéticos nacidos de las emociones, pensamientos y visualizaciones.

Las visualizaciones son imágenes nacidas de la mente y que son, por un instante, reales en el cerebro con toda su carga emocional. El mensaje por medio de la visualización creativa es el lenguaje energético más claro de todos y es el que el universo utiliza más fácilmente para poner en movimiento el engranaje de la realización o materialización.

CAPITULO VIII

La mente y el cuerpo

El cuerpo humano en su totalidad es energía y dentro de sí hay más espacio que aspecto denso o material. La energía vital que contiene es la energía de vibración más sutil, la cual compone un mapa, rejilla, o patrón energético o electromagnético que conforma las características del cuerpo físico. El cuerpo energético vital es la matriz o cuerpo etérico y está conectado íntimamente a cada sistema y órgano. Permite el intercambio de energía e información entre el cuerpo y el medio ambiente y sus energías. También permite la conexión sutil con los demás seres del mundo en los diferentes niveles de existencia y la conexión con la naturaleza y la energía de la tierra.

El cerebro humano es nada más y nada menos que una estación satélite de intercambio de información. Los pensamientos son literalmente ondas que vibran en frecuencias determinadas y que son emitidos hacia el exterior; de igual manera el cerebro recibe información constantemente a través de los sentidos físicos y los centros energéticos. Esta información es almacenada en la mente consciente y en la no consciente.

El cerebro tiene vías neurológicas que se crean cuando vivimos una experiencia. Las vías neurológicas están siendo creadas continuamente desde el momento que nacemos hasta el día de la muerte. El cerebro lo almacena todo y la mente simplemente decide qué quiere recordar, según lo que necesite para sus propósitos y necesidades reales o percibidas.

Los conocimientos intelectuales se anclan cuando van acompañados de mucho interés y/o repetición y se almacenan a un nivel menos profundo en la mente analítica. La memoria de las experiencias vividas se imprimen en el inconsciente de una manera más indeleble en cuanto más acompañadas estén de emoción, y son almacenadas según como se hayan percibido, muchas veces sin intervención de filtros conscientes.

Las convicciones más arraigadas y los mapas de la personalidad se empiezan a anclar en el inconsciente, dicen algunos, que en el vientre materno y continúan en la primera infancia. Se inician con la madre, el padre y el núcleo familiar, luego continúa en la escuela y con los amigos, obedeciendo también a influencias culturales, sociales y religiosas.

También son muy importantes en este proceso las vivencias personales y circunstancias imprevistas e imposibles de controlar ya sea por la familia, cultura o sociedad.

El cerebro tiene en su base un sistema automático reticular o SAR que funciona como un sistema de búsqueda, estilo buscador de internet. La mente sabe cuál es la información que necesita o le sirve como confirmación de sus expectativas, y escoge a través de este sistema cuál de la información percibida va almacenar en su mente consciente. La información que desecha se desvía y se almacena en el inconsciente.

Como había mencionado ya, la mente no consciente o inconsciente tiene 6 veces más capacidad de almacenar información y experiencias, y es la que contiene los hábitos, convicciones, temores y traumas. Esta parte de la mente que se empieza a formar en la primera infancia cuando todavía no hay lo que llamamos conciencia, no sabe diferenciar entre los sucesos "reales" y los imaginados. Es además la que contiene las emociones, y por consiguiente, es responsable de nuestras reacciones y decisiones ante las circunstancias que nos causan tensión nerviosa y temor.

He aquí el Gran Engaño. Son las convicciones y emociones las que realmente toman las decisiones más importantes en nuestras vidas y no el intelecto o la mente consciente. Esta última no puede en sí misma, y por más que lo intentemos, cambiar ningún hábito permanentemente, ni patrones de comportamiento. Es esta confianza en nuestra capacidad analítica e intelectual lo que nos hace permanecer de una manera u otra, en un estado permanente de fracaso en uno o varios aspectos de nuestras vidas, pues no nos permite reconocer ni aceptar las verdaderas razones de nuestras acciones.

Las emociones producen ciertas enzimas en el cerebro que actúan como pegamento de estas experiencias. De ahí que las fobias y traumas se expresen siempre aún cuando la mente consciente trate de darles una perspectiva racional. En un momento de crisis, decisiones importantes en la vida y miedos irracionales, la mente inconsciente siempre vence a la mente intelectual y analítica.

La gran ventaja de la mente consciente e intelectual, es su capacidad de visualizar y de imaginar. La creatividad e ingenio pertenecen a la mente consciente.

La facultad que tiene la mente no consciente al no diferenciar la realidad de la imaginación, nos ayuda en el proceso de reinsertar convicciones nuevas. El proceso de aprendizaje y re-entrenamiento de la mente es ilimitado gracias a la capacidad que el cerebro tiene de crear vías neurales nuevas siempre y hasta el día de la muerte. Esto nos permite reinsertar convicciones nuevas en reemplazo de las que no nos sirven en nuestro desarrollo evolutivo del ser, y terminar con los bloqueos y hábitos que nos llevan a la infelicidad y a la creación de una realidad que no es la ideal.

Existen estados de actividad del cerebro, ya estudiados por expertos, los cuales han desarrollado estudios para medir las ondas cerebrales en sus diferentes estados de percepción y de conciencia, y que tienen una conexión muy importante con la capacidad del cerebro y de la mente de funcionar a diferentes niveles de productividad, de creatividad y de conectividad. Estos estados cerebrales nos ayudan en el proceso de crear esas nuevas vías neurales cuando aprendemos a manejarlos con el poder de la intención y de una nueva conciencia.

Las frecuencias de estas ondas cerebrales se han medido, y se han estudiado las capacidades del cerebro en cada estado mental de estimulación. Estas son:

Beta: Estas ondas cerebrales son de una frecuencia entre 13 y 40 Hz.

Las características de este estado mental son:

- Estado máximo de alerta
- Concentración
- Cognición
- Sentidos agudizados
- Producción de mayor cantidad de adrenalina y cortisol
- Incremento de la fuerza física, agilidad y la capacidad de reaccionar
- Estado optimo de supervivencia, reacción de "enfrentar o huir"

Hoy en día el estado beta tiende a ser el más constante, siendo permanente en la mayoría de los seres humanos, especialmente en las ciudades. La velocidad a la que la gente se mueve, las múltiples actividades y preocupaciones que la ocupan y las expectativas y exigencias de su tiempo que tanto la cultura como ellos tienen de sí mismos, tienden a mantenerlos en un estado beta continuo. Este estado, cuando es permanente, nos encasilla en una actitud reactiva en lugar de proactiva, agota la mente, desequilibra el organismo y crea agotamiento y enfermedades, improductividad, temores exagerados, inseguridad, e infelicidad.

Alfa: la frecuencia de estas ondas es de 7 a 14 Hz.

Algunas de las características de este estado mental son:

- Llamado "la zona"
- Estado de relajamiento y calma activa
- Visualización
- Creatividad
- Percepción de información útil en el proceso creativo
- Estado perceptivo que permite la fluidez de los acontecimientos
- Decisiones acertadas y fáciles
- Aprovechamiento del tiempo sin apuros
- Facilidad y concentración en el aprendizaje
- Conexión con la frecuencia vibracional de la naturaleza y de otras personas
- Sensación de vitalidad, bienestar, paz y confianza

Theta (Tita): la frecuencia de estas ondas está entre 4 a 8 Hz

Características importantes:

- Estado de relajamiento completo del cuerpo
- Estado mental meditativo o semi-despierto (el momento antes de dormirse y antes de estar completamente despierto)
- Se reciben visiones o sueños muy reales
- Estado meditativo que es el puente entre la mente consciente y la inconsciente
- Intuición
- Memoria
- Misticismo

- Estado contemplativo o meditativo consciente que hace posible el contacto con Maestros, seres de Luz o ángeles, Yo Superior, permite recibir respuestas divinas e inspiradas, etc.

Delta: la frecuencia vibracional de este estado se encuentra entre 0 a 4 Hz

Características importantes:

- Estado de sueño profundo
- Estado meditativo profundo y trascendental
- Estado meditativo con experiencias de conciencia universal
- Descanso mental y físico
- En este estado de sueño profundo se lleva a cabo la producción de hormonas del crecimiento
- Sanación y restauración del cuerpo
- Pérdida del conocimiento o estados comatosos

Podemos entrar en diferentes estados mentales para estar en un estado alfa llamado también "la zona" o el vértice de productividad relajada, o tener acceso a cualquier otro de estos estados mediante la meditación y ejercicios de respiración en cualquier momento del día.

Otras herramientas muy útiles son la música cuando ésta es la apropiada para la intención del momento; hay que estar conscientes de la manera como la música que estamos escogiendo nos hace sentir. Yo escucho a Beethoven y a Bach cuando estoy pintando, escribiendo o haciendo algo creativo. Chopin me produce una gran relajación y me hace sentir conectada con la belleza de mi entorno y de la creación; me armoniza con las ondas de la tierra. Me encanta Vivaldi cuando quiero estar energizada y entonarme con la actividad de la vida. Las creaciones musicales de Steve Gordon y otros músicos New Age me ayudan a entrar en un estado meditativo, de mucha paz y generan un equilibrio entre mi mente, cuerpo y espíritu. No podemos descartar la música bailable que nos hace sentir alegres. El gozo y la felicidad son estados emocionales que nos acercan a los niveles más altos de vibración y nos enraízan a la vez.

De igual modo es importante evitar música que nos irrite o que contenga mensajes deprimentes o que evoquen emociones negativas de cualquier tipo. Las emociones negativas son tristeza, ira, lascivia, desprecio o resentimiento por otros o el sexo opuesto, o que permite que consintamos emociones que no son edificantes.

Pasar tiempo en la naturaleza ya sea caminando, contemplando o trabajando en el jardín siempre nos conecta con estados armónicos cerebrales, especialmente si tenemos la intención de estar presentes en el momento y abrir nuestros sentidos conscientemente para vivir la experiencia. La armonía con la naturaleza es el estado natural del ser humano en la tierra y se encuentra entre 7.5 y 8.5 Hz que es la frecuencia vibracional electromagnética mental en el estado cerebral alfa.

Los aromas son la vía más directa al cerebro para afectar estados de ánimo e igualmente para alterar la frecuencia de las ondas cerebrales. Existen aceites esenciales que también sirven para diferentes propósitos según su origen. Para la aroma terapia se deben utilizar aceites puros, extraídos por destilación y sin la mezcla de ningún químico.

A estos aceites se les llama aceites esenciales terapéuticos, los cuales son muy concentrados. Siempre vienen envasados en botellitas de vidrio oscuro. Son un poco más costosos de lo que uno esperaría, pero pueden durar mucho tiempo al agregárseles aceite vegetal. No se deben guardar en botellas plásticas ni transparentes.

¿Quieres aprovechar los beneficios de la aroma terapia gratuitamente?

Concentra tu sentido del olfato en la cáscara de un limón o una naranja, las hojas frescas de especias como el orégano, la albahaca y la menta, el aroma de las flores u hojas de arboles como el eucalipto, limonero y el pino. Concentrarse en un aroma delicioso y natural es como tomar unas mini vacaciones. Lo mejor es pellizcar la hoja, cáscara, o pétalo de la planta para poder percibir mejor la esencia y enfocar la atención solamente en inhalar el delicioso aroma. Frota la hoja o cascara de la fruta por la piel para que dure un poco más su efecto.

Además de los aromas naturales que he mencionado, creo que mi favorito y el que me conecta más con el amor universal es el aroma de la cabecita de un bebé. ¡Este último me da unas vacaciones emocionales en el cielo!

Los aromas u olores, tienen una conexión tan directa con las emociones, que ayudan a cimentar vías neurológicas en el cerebro creando memorias indelebles a nivel consciente e inconsciente. Los aromas nos dan acceso a recuerdos y experiencias que han marcado nuestras vidas, e igualmente pueden ser utilizadas en la sanación, como también para ayudarnos a cimentar experiencias nuevas.

El ejercicio es también una gran herramienta para mantener el equilibrio entre la mente, el cuerpo y el estado emocional óptimo de armonía y creatividad. Encontrar la maravilla y el placer en el movimiento del cuerpo ejerciendo una actividad que sea agradable según los intereses y gustos personales, con el único fin de disfrutarla, también nos da una sensación de bienestar física y emocional y por ende ayuda a que el cerebro permanezca en estados óptimos. Trabajar en el jardín, caminar, correr, nadar, bailar, ir al gimnasio, etc. son todas actividades que ejercitan el cuerpo y nos armonizan mental y espiritualmente. Una actividad física llevada a cabo en conciencia y placer silencia la mente convirtiéndose así en una meditación activa.

Es importante escoger una actividad agradable. Además lo ideal es que sea fácil de incorporar a la vida cotidiana. Es más beneficioso dejar el auto a una mayor distancia y caminar a la oficina con zapatos cómodos, los cuales se puede uno cambiar al llegar, mientras disfruta del paseo, que tensionarse para llegar al gimnasio a hacer una hora de ejercicio mientras se repasan mentalmente todas la cosas que faltan por hacer en el día, y los problemas que hay que resolver.

La herramienta indispensable para la armonía y la vida en la zona o vértice, es la meditación. El simple hecho de estar a solas y dedicar un tiempo al silencio con la intención de relajarte, dándote tiempo para la oración y la contemplación todos los días es el obsequio más grande que te puedes dar para recuperar y mantener tu equilibrio y agudeza mentales. Mediante estas prácticas y otras que irás retomando, aprendiendo e incorporando en tu vida, lograrás entrenar a tu mente y lograr así que tu cerebro y organismo operen en estados apropiados y óptimos para la actividad que estés desempeñando.

CAPITULO IX

El poder

Como ya sabemos, todo es energía, y como tal todo vibra a una frecuencia determinada. Las ondas cerebrales son afectadas por el pensamiento, el cual está influenciado por las emociones y viceversa. El pensamiento también es energía ondulante y como tal tiene una frecuencia que se proyecta e inevitablemente altera el contorno energético. Aun cuando el pensamiento en nuestro estado consciente es descifrado por nuestra mente en palabras, la verdadera proyección se realiza por medio de imágenes y vibraciones emocionales. La velocidad del pensamiento es mayor a la de la luz. La influencia de los pensamientos en el estado emocional y viceversa es tan íntima e instantánea que al cambiar uno intencionalmente, se cambia el otro. Es decir, que si te encuentras en un estado emocional feliz, por ejemplo, solamente tendrás pensamientos positivos. De igual forma un pensamiento negativo evocará instantáneamente una emoción de ansiedad y temor.

Además de una emoción, cada pensamiento crea inmediatamente una posibilidad de realización o materialización. Todo lo que el hombre ha construido empezó con un pensamiento. El verdadero poder creador del ser esta allí: LA CREACION ES PENSAMIENTO Y EL PENSAMIENTO ES CREACION.

La fuente y origen de todo lo que ES, aun cuando hablemos solamente a nivel humano, es esa.

A nivel de mecánica cuántica, de la cual ya hablamos, el solo pensamiento genera movimiento a nivel subatómico para que sea posible generar todas las circunstancias necesarias para que ese pensamiento se materialice. Por eso es que en la India llaman a la realidad "maya" o "sueño" pues nuestra realidad, por tangible que parezca es cambiante y se puede moldear. De hecho lo único permanente en la vida que tenemos en la tierra, es el cambio. Nosotros poseemos la llave para poder dirigir ese cambio hacia el lugar y las circunstancias que deseamos. Al crecer en sabiduría nos dirigimos hacia las metas que son coherentes con nuestro propósito espiritual, en el cumplimiento de las tarea que nacimos para cumplir en el camino de la evolución del ser.

Un pensamiento enfocado de manera constante magnetiza el resultado esperado. Este es el principio de la Ley de Atracción. La emoción, cuando es coherente con los resultados deseados, añade energía a la vibración del pensamiento. Esto sucede ya sea con pensamientos-forma que consideramos positivos o con los que consideramos negativos. El universo siempre nos da lo que pedimos, pues un deseo-pensamiento es una oración pero también lo es un pensamiento-forma en el temor.

Es allí donde está la importancia de las convicciones, pues es imposible darle energía creadora a un pensamiento si la convicción-emoción es contraria al mismo. Un pensamiento puede enfocarse en el negocio perfecto, pero muy difícilmente obedecerá a la ley de la atracción si la convicción de merecer la oportunidad no está ahí, por ejemplo.

Por lo consiguiente, cada uno de nosotros tiene el potencial de diseñar y materializar la vida personal ideal. Somos seres limitados solamente por nuestra imaginación, miedos y convicciones. Hemos poseído siempre el tesoro más grande que existe y no lo sabíamos, por lo menos la mayoría de nosotros. Este es el secreto que solamente unos pocos conocían hasta ahora y que ya ha salido a la luz, haciéndose disponible para todos los que tengan la mente abierta y el corazón listo para recordar quiénes somos, y la maravilla de Universo que el Creador imaginó y materializó para que sea nuestro campo de juegos, y el lugar donde podemos dar rienda suelta a nuestro don creativo.

La realidad que vivimos es una ilusión materializada, creada por nuestra mente a través de las percepciones y convicciones que tenemos de nosotros mismos y del mundo. Este gran poder lo hemos estado ejerciendo constantemente desde el día que nacimos sin siquiera percatarnos de ello. Hasta ahora no he conocido a la primera persona que al observar su vida objetivamente y con honestidad, me haya podido decir que el momento que él o ella está viviendo no refleja, y es el resultado de todo el conjunto de aspiraciones, deseos íntimos, temores, convicciones y expectativas de lo que parece posible o imposible para ellos. ¿Y quién no ha tenido sueños cumplidos tan inesperadamente que parecen milagrosos o mágicos?

Entonces para crear una vida plena necesitamos crear una conciencia nueva, comprender el poder del pensamiento y la emoción. Como hijos de Dios, creados a su imagen y semejanza, cada uno de nosotros puede llegar a ser maestro o maestra de sus pensamientos y emociones, y convertirse en el co-creador consciente de la realidad personal y de la evolución espiritual.

En todos nosotros está la capacidad de hacerlo y toda la ayuda que necesitamos. Les aseguro que es mucho menos difícil de lo que pareciera, y aunque es una aplicación para toda la vida, las satisfacciones son tantas y tan grandes que realmente vale la pena la dedicación que se requiere. Los milagros cotidianos van a ser visibles prácticamente de inmediato y las manifestaciones conscientes mucho más frecuentes.

La realidad es una proyección del interior de cada ser humano unida a la proyección de los que lo rodean. Por lo tanto para que la realidad materializada tenga características superiores, ésta debe partir de una conciencia ampliada que sea capaz de imaginar y visualizar el futuro a través de la creatividad intencional del ser superior, es decir, basados en las cualidades mentales y emocionales positivas.

Una bella experiencia que me ayudo a intelectualizar mejor el concepto de ampliar la conciencia fue la siguiente:

Estaba un día caminando con un amigo que tiene la fortuna de vivir en las afueras de Bogotá, rodeado de árboles, y la belleza de la naturaleza de La Sabana.

Estábamos haciendo el ejercicio meditativo de "apertura de sentidos", en la primera sesión, a la cual él había accedido ante la insistencia de su esposa, no con poco escepticismo siendo un abogado brillante y con tradición familiar muy intelectual y analítica.

En nuestra caminata le llegó el turno al sentido del olfato, por lo cual nos dirigimos a las plantas que nos rodeaban para continuar el ejercicio, concentrándonos exclusivamente en este sentido y todos los olores que podíamos percibir. Nos acercamos a un árbol de sauco, cuyo tronco estaba cubierto de una bellísima enredadera de campanillas rojas, la cual estaba llena de flores rojas. Cabe anotar que esto fue poco después de las lluvias que habían plagado la zona hacia pocas semanas, y que afortunadamente, no había causado grandes inundaciones en este sector pero que había afectado mucho a la vegetación.

Mi amigo se acercó al árbol a disfrutar del aroma floral y al alzar la vista descubrió que las ramas del sauco que quedaban a su alcance se veían alarmantemente secas. La conclusión lógica y así lo expresó, indicaba que la enredadera estaba afectando al árbol y hasta provocando su destrucción; la verdad es que yo pensé lo mismo, hasta que decidí mirar la escena desde lejos. Cuando nos alejamos lo suficiente observamos que el árbol no solamente no estaba enfermo ni débil, sino que era, de hecho, el más alto y fuerte. Su frondosa cúpula estaba cubierta de ramilletes de florecillas blancas. La sensación que daba era más bien de ser un gran patriarca brindando protección y cobijo. En ese pequeño mundo había armonía, mariposas, abejas y todo un microsistema. No sé cuál sería la ventaja que podría recibir el árbol de la enredadera, pero éste era el único sauco que podíamos ver acompañado de las campanillas, y aquella, la única planta de campanillas que estaba aún en el área después de las lluvias.

La verdad de ese mundillo solamente pudo ser descubierta por nosotros cuando pudimos ver la escena completa. La conclusión final fue totalmente opuesta a la inicial, y en lo que parecía una tragedia, con víctima y victimario había una verdad llena de vida, belleza e inteligencia.

La mayoría de nosotros ni siquiera sabe que existe una escena completa en cada una de nuestras vidas, y creemos que lo único verdadero es lo que representa la realidad personal individual y del momento, es decir la vista parcial y de cerca; el punto de vista desde el nivel de la oruga.

Sin embargo el Universo en el que vivimos contiene la escena completa compuesta de una cantidad infinita de escenas pequeñas en muchas dimensiones y planos de existencia, la cual vista de manera completa en cada aspecto, por pequeño que sea, es verdadero y perfectamente coherente con el TODO. La verdad absoluta está simplemente compuesta de muchísimas verdades de acuerdo al espectro y ángulo de cada observador.

Para los seres humanos, la escena completa en La Tierra la conforma el Plan Divino que nos incluye a todos. A través de la meditación y la comunión con Dios, quien es Luz y Verdad, seremos capaces de empezar a ver cada una de nuestras vidas desde ese plano de observador, sin creer que el momento en el que estamos y las circunstancias temporales que estamos viviendo individualmente conforman la escena completa. Podremos descubrir la verdadera importancia de cada ser en el mundo y cómo tú y yo podemos formar parte activa y clara de ese Plan Divino para cada uno de nosotros individual y colectivamente.

Entonces la ENERGIA que es la base de la creación, es LUZ, es ESPIRITU creador, es la fuente de vida y es la fuente de la existencia de todo lo que ES.

Como ya habíamos dicho, la conexión energética existe a través de redes de diferentes niveles, y por medio de ondas y de frecuencia vibratorias. Entonces, además de la red de conexión entre todos seres humanos de manera horizontal, y a diferentes niveles, con la Madre Tierra y la naturaleza, de manera vertical de abajo hacia arriba través de los pies y el entorno físico, existe la conexión con la Fuente/Dios y los Seres de Luz que nos rodean, a través de la coronilla de la cabeza.

Ya habíamos hablado del lenguaje energético aplicado a la recepción y utilización de la información a través de la intuición. La frecuencia energética de las vibraciones del cuerpo emocional se irradia en todo el contorno. Las palabras son simplemente una expresión de la verdad interior del estado emocional y mental de cada persona, y de ahí su poder.

De hecho, la proyección energética sola puede ser utilizada conscientemente, sin necesidad de palabras, para cambiar la vibración del entorno y la actitud de las personas alrededor de uno. La sola presencia de una persona armónica y llena de amor genera un cambio similar en la disposición de todos los que se encuentren en el radio de influencia energética de la misma. Igualmente sucede con la persona que va por la vida quejándose y expresando una conciencia de enfermedad, escasez e infelicidad. Se puede aprender a ejercer este tipo de influencia energética pues lo único que se necesita es evocar la emoción que se quiere irradiar.

La práctica energética, o de la luz puede ser un poco difícil inicialmente, pero todo lo que se necesita es la intención....y empezar con el propósito de sonreír y dar amor; el estado de conciencia de luz se desarrolla poco a poco a partir de allí, hasta que proyectar vibraciones positivas se convierte en un bello hábito que da mucha satisfacción personal, felicidad y abre las puertas a todas las oportunidades y a una cantidad infinita de posibilidades.

A través del re-conocimiento del alma y sus enseñanzas entenderás mejor cual es el propósito y misión o misiones de tu vida, descubrirás el poder de manifestación que tienes, aprenderás a escuchar a tu intuición y a fluir con los acontecimientos. Recordarás y tendrás en cuenta que todo lo que sucede está sincronizado para nuestro aprendizaje y el cumplimiento del propósito de vida de cada uno. De esta forma podrás gozar del ahora mientras sigues el camino que tu corazón y tu propósito ya trazaron, mientras que aprendes la importancia de protegerte de las energías emocionales o vibraciones que no te ayudan en tu camino por la vida. También podrás reconocer a través de tu intuición las señales que ayudan a guiarte en tus decisiones y aprenderás a aplicar el lenguaje energético para afectar positivamente al mundo.

La clave para el cambio es el pensamiento enfocado, dedicado, y dirigido por emociones que vibran en frecuencias más altas y más cercanas a la luz pura que es el Amor. Cuando cambiamos la conciencia y nuestros paradigmas, cambiamos nuestro maya.

Los mayores obstáculos para poder enfocar el pensamiento-forma deseado són: la duda, el miedo, la desconfianza y las convicciones limitantes. Además, para el proceso creativo no hay diferencia entre la materialización de cosas y situaciones que nosotros, en un momento dado, tildamos de "positivas" o "negativas". De hecho para el universo es lo mismo materializar $100,000 dólares que un millón, la pareja perfecta para uno, ¡o la más discordante!

Las emociones de vibración más baja, las que nos hacen sentir pesados y mal, son menos potentes que aquellas de vibración rápida. Un pensamiento positivo, es decir, que nos hace sentir bien, contrarresta el efecto de la negatividad. Además existe siempre un tiempo de espera entre el momento del pensamiento y la materialización. Entonces, por la ley de libre albedrio esta materialización puede ser de situaciones y cosas que deseamos, o positivas, o de las cosas y situaciones negativas que más tememos. Para el proceso creativo no hay diferencia. La pantalla mental proyecta al Universo o proceso creativo una imagen determinada y si ésta se enfoca lo suficiente, se materializará tarde o temprano en la realidad personal. La pregunta es:

¿En qué estoy enfocando mi pensamiento? ¿Qué pasa si no hay coherencia entre mis pensamientos conscientes y mis convicciones/emociones? ¿Cómo aprendo a utilizar este gran poder que tengo de manera sabia y eficaz?

Los seres humanos tenemos miles de pensamientos al día. Es un ruido mental constante, del cual ni siquiera nos percatamos. El primer paso para aprender a conocernos y a enfocar este poder tan maravilloso y tan enorme es el de convertirse en el observador u observadora de los pensamientos, sin juzgarse a sí mismo ni analizar. Como si tuviéramos la facultad de leer los pensamientos de otra persona. Al concientizarnos de los pensamientos que tenemos empezamos a comprender nuestra realidad. La buena noticia es que a través del entendimiento viene el poder bien dirigido. ¡La mala noticia es que se acabaron los días de las excusas y de responsabilizar a otros por lo que no funciona en nuestras vidas! Si bien es cierto que no podemos controlar lo que sucedió en el pasado o lo que hacen otros, sí podemos escoger qué actitud y reacción vamos a tener ante ellos y ante las circunstancias que se nos presenten.

Observa tus pensamientos y su conexión con tus emociones. Sé consciente de tu diálogo interior y de cómo te tratas a ti mismo o misma. Este es el principio del auto conocimiento. No te juzgues por ello ni te tensiones. Permite que el proceso fluya sin que lo trates de controlar, como quien ve una película o escucha una conversación ajena; toma este proceso amorosamente y con tolerancia hacia ti mismo. Cuando sientas incomodidad, ansiedad o infelicidad, trata de recordar qué estabas pensando en ese momento. Haz nota de lo que te causa ansiedad y te desarmoniza. Incorpora este proceso en tu vida como una ampliación de conciencia y no necesariamente como una tarea y procura no ser duro contigo mismo; no te tomes demasiado en serio; añádele un poquito de sentido del humor. Recuerda que todo se puede cambiar.

Además de tu diálogo interior sé observador de la manera como dices las cosas y de lo que dices. La palabra es el poder del pensamiento magnificado. La manera de expresarte, los dichos y refranes que utilizas, el tono de voz, etc. también son una fuente importante de información en todo este proceso. Puedes inclusive pedir a amigos y allegados a los que les tengas confianza que te hagan caer en cuenta de cómo los impacta tu manera de decir las cosas. Solo haz esto cuando estés listo para no disgustarte si lo que te dicen no le agrada a tu ego, y con personas amorosas que sabes que son sinceras en su deseo de ayudarte.

Las palabras son decretos u órdenes para el Universo y el proceso de creación. Tendemos a utilizarlas sin conciencia de su poder, ¡y después nos sorprendemos de las consecuencias! Es como darle a un niño un arma, la cual usará inocentemente sin comprender sus alcances y peligros.

El Universo es, literalmente el proverbial genio de la lámpara de Aladino. El lenguaje que obedece es de tipo energético ya que este lenguaje es simplemente una expresión adicional, consecuencia de lo que pensamos y sentimos. Por eso, al expresarnos en palabras, hay que pedir lo que queremos y no pedir lo que no queremos mediante el temor y la preocupación.

Por ejemplo: "Dios mío, ¡ayúdame a conservar y progresar en mi empleo!"

En lugar de: "Dios mío: ¡Que no pierda mi empleo!"

La energía emocional y la imagen mental que acompañan la primera oración son positivas. La palabra NO evoca inmediatamente emociones negativas y la imagen mental de la pérdida conlleva el mensaje opuesto al deseado.

Al conocer nuestros pensamientos y la manera como opera nuestra mente consciente podemos empezar a girar los pensamientos negativos por los contrarios. Este ejercicio que se puede ir incorporando en el día a día, y el cual termina siendo habitual. Al pensar positivamente vamos a influenciar nuestras emociones, obteniendo alegría, tranquilidad y seguridad en nosotros mismos.

Los sentimientos y pensamientos positivos nos mantendrán en el vortex o la zona cerebral en la cual estamos conectados con todos los aspectos del ser para movilizar y mantener en acción la ley de la atracción para la obtención de las metas. Conservarse en la zona nos mantendrá en un estado mental alfa durante las horas de nuestras actividades, y nos ayudará a fluir con los acontecimientos de manera sincronizada, permitiendo así que la Ley de la Atracción actúe sin ser obstaculizada. La proyección energética, la cual como ya sabemos es el lenguaje más importante, será lumínica y receptiva. En el vortex se reconocen las oportunidades, se da rienda suelta a la imaginación, se crea sin temores, se superan los obstáculos más fácilmente y se está presto a recibir todas las cosas y bendiciones que Dios nos envía todos los días. Además se reconocen las personas que aparecen para ayudarnos en nuestros planes y nos permitimos aceptar su aporte.

Las emociones que nos mantienen en la zona o vértice son:

La gratitud

El perdón

La alegría

El amor

El gozo

La paz y la buena voluntad

La fe y la confianza

La compasión

La generosidad

Las emociones que nos desvían de la zona o vértice son:

El miedo

El odio

El rencor

La inseguridad

La envidia y los celos

La indiferencia y la negligencia

La desconfianza

El egoísmo

La impaciencia e intolerancia

La frustración

La ira

La ansiedad

El sentido de culpa y remordimiento

La avaricia

La duda

Es imposible tener dos emociones a la vez. Los pensamientos que tenemos nos indican cuál es la emoción o patrón energético detrás de ellos, y las emociones pueden ser reemplazadas al igual que los pensamientos. Todo el proceso radica en el poder de la intención y el deseo ferviente de cambiar y de ser felices.

Recordemos las palabras del Maestro Jesús: Lucas 17:19-21 – Cuando los fariseos le preguntaron cuándo vendría el Reino de Dios: "El Reino de Dios está dentro de ti". En Mateo 4: 17 – Jesús dijo:"Arrepentíos pues el Reino de Dios está cerca". El reino está en el corazón si es que deseamos vivir en él todos los días. Al comprender que el mundo en el que vivimos es una realidad relativa creada por cada uno de nosotros, comprenderemos que cuando nuestras acciones obedecen a sentimientos de luz y pensamientos coherentes con ellos, se puede llegar a vivir en el cielo estando en la tierra. Todo lo aparente y externo que forma parte de nuestro mundo personal es una proyección materializada de nuestro mundo interior y de nuestro corazón.

Cuando aprendemos a enfocar la mente y alineamos las emociones con los deseos buenos e íntimos del corazón, nos permitimos fluir y aceptar lo que se presenta con confianza y con la certeza de que todo lo que sucede es perfecto en el camino de la realización de nuestro ser.

CAPITULO X

La realidad personal

Ya habíamos mencionado que la mente consciente es una fracción de la totalidad, es decir, la punta del iceberg. La mente no consciente es la que tiene la mayor envergadura e importancia para la manifestación.

Toda la información que recibimos a través de los cinco sentidos, por lenguaje corporal y energético se almacena en nuestra memoria ya sea consciente o inconsciente.

Desde el momento de nacer, y algunos estudiosos sostienen que desde el vientre materno estamos almacenando información sobe el mundo, los demás y nosotros mismos. En la primera infancia cuando todavía no estamos entrenados para discernir entre lo que es "real" pues estamos descubriendo el mundo, las experiencias y el aprendizaje no tienen filtro de la mente consciente. La percepción sobre quiénes somos, si somos amados o no, y nuestras convicciones sobre el mundo y la vida son cimentadas en esa mente novata, para la cual todo lo que experimenta es real.

Los comentarios y críticas hechos al niño directamente o en su presencia, ya sea por ira o en broma, las circunstancias que se le presentan y experiencias de vida, el lugar que tiene en el orden familiar, etc. pasan a formar parte de su sistema inconsciente, ayudando desarrollar la personalidad e impactando su sistema de convicciones. Si la familia tiene una convicción de escasez, enfermedad, desamor, etc., si practican la aceptación o no del niño y de sus actos formarán una impresión que dictará su estado emocional, y por ende su realidad. A esto se añaden las memorias celulares de experiencias ancestrales las cuales se reciben a través del ADN y que se refuerzan con experiencias vividas durante la vida.

La mente consciente escoge la información que considera importante para el funcionamiento en la vida cotidiana, y almacena el resto en el archivador del inconsciente. El filtro que utiliza es el sistema reticular automático, el cual se encuentra en la base del cerebro. La manera como este sistema filtra la información está basado en un sistema de búsqueda, como ya habíamos mencionado, parecido a un sistema de red cibernética. Este mecanismo es necesario y muy importante, pero a la vez termina detectando conscientemente la información que es coherente con lo que cree, es decir que inevitablemente busca confirmar las convicciones que están en el inconsciente, y desecha información igualmente importante pero que no considera útil.

La mente humana en su parte analítica busca confirmar su teoría. Es así que siendo este mecanismo tan indispensable y maravilloso, carece de objetividad pues la teoría, en este caso, está basada en convicciones y emociones que no obedecen al proceso analítico.

Los recuerdos de un suceso que han experimentado varias personas a la vez dependerán de la carga emocional que éste contenga para cada observador. La interpretación de un mismo acontecimiento será distinta para cada testigo según su ángulo de percepción y su interpretación emocional, siendo todas las versiones del hecho la verdad para cada persona, y no necesariamente igual para todas. Las convicciones son el ingrediente más importante para la interpretación de las experiencias.

Para poder siquiera considerar el aventurarse en la mente no consciente personal hay que desprenderse del ego y estar preparado para la honestidad. Recordemos que no hay juicio. En el inconsciente reside el niño interior sin pretensiones; hay que conocerlo y corregirlo con amor. Debes estar dispuesto a conocer las fibras y materiales con los cuales está construida tu crisálida.

Una clave para empezar a conocer mejor las convicciones es, por ejemplo, recordar los dichos o proverbios familiares y culturales, y el mensaje que estos conllevan.

Por ejemplo:

"Cuando el río suena, piedras lleva" = "algo de verdad habrá en ese chisme"

"No hay mal que por bien no venga" = "Si pasa algo malo, algo bueno saldrá de allí", o "Siempre que me pasa algo bueno lo tengo que "pagar" con algo malo"

"Al camarón que se duerme se lo lleva la corriente"="tengo que ser un vivo y aventajar a los demás, de lo contrario no llego a ninguna parte"

"Perro que ladra no muerde", "Más vale tener pájaro en mano que cien volando", "El dinero es el origen de todos los males", etc.

Comentarios de los padres cuando el niño les pide algo: "¿Crees acaso que el dinero crece en los arboles?", "¡Ni que fueras la reina de Java para pedir un vestido tan caro!", "¿Acaso crees yo estoy nadando en dinero?" = Vivimos en escasez y no merecemos cosas costosas y bellas.

"Es que Anita es la linda y Clarita es la inteligente"= No se pueden tener todos los atributos.

Comentarios sobre la prosperidad: "Algo raro habrá hecho fulanito para tener tanto dinero" "Cuidado con venderle el alma al diablo por dinero", "Debe haber pasado por encima de muchos para ser tan rico" "El dinero corrompe"= No se puede ser rico y bueno a la vez. Es mejor ser pobre y estar bien con Dios, que ser rico y perderse.

Hay actitudes preferenciales de los mayores y personas que nos rodearon, comparaciones, reales o percibidas, e inclusive comentarios abiertos negativos y críticas hacia nosotros que hayan creado sentimientos de baja autoestima o culpa. También caben destacar los hechos y experiencias de los cuales el niño se culpa sin que este sentimiento tenga fundamento real.

Por ejemplo una amiga mía se creía muy fea pues cuando era pequeña todos comentaban sobre lo linda que era su hermanita, cinco años menor que ella. Nadie dijo nunca que ella era fea pero mi amiga lo dedujo a partir de lo que "no le dijeron". Tampoco tuvo nada que ver con sus padres ni sus comentarios pues no eran ellos los que ensalzaban a la hermanita. Todas las inseguridades respecto a su apariencia estaban en sus conclusiones sobre lo que ella creía que pensaban los demás. De hecho, es una mujer muy atractiva que ha logrado superar dicha convicción.

Cuando las amigas y amigos que hemos escogido nos hablen, estemos atentos a convicciones que tenemos en común y que ya empiezan a hacerse másclaras, por las ideas que expresan y la manera de hacerlo. Si son nuestros amigos es porque resuenan con nosotros, por lo tanto no se trata de juzgarlos; simplemente de observar los temas de conversación y la manera como se expresan sobre las diferentes personas y circunstancias de la vida, y su interpretación de los hechos cotidianos. Ellos son un espejo de nosotros mismos.

Las aéreas donde podemos concentrarnos para reconocer nuestras convicciones son:

El amor, el sexo opuesto, el dinero, la salud, la familia, las relaciones sociales, la moralidad, la religión, la imagen propia, el mundo, el medio ambiente, la naturaleza, Dios, el trabajo que desempeñamos, el país, la raza, etc.

En el área del amor reflexiona sobre el amor propio. ¿Te amas a ti mismo o misma? ¿Te sentiste amada cuando eras niño o niña? ¿Cómo crees que te veían tus padres? ¿Eres atractivo o atractiva para los demás, inteligente, o agradable? ¿Simpatizas fácilmente con otros? ¿Amas con facilidad? ¿Crees que mereces la abundancia?

Vamos a sentir resistencia, pues la mente consciente va a interpretar cualquier incomodidad o experiencia nueva como una salida de la zona de confort. El cerebro está adaptado para evitar riesgos que puedan atentar contra la supervivencia, y la supervivencia, está "asegurada" en el "status quo". Las experiencias nuevas nos hacen sentir incómodos y expuestos. El instinto va a ser el de retroceder y volver al lugar y las situaciones conocidos. Cuando sientas esto, quiere decir que vas por buen camino y que estas logrando superar el ego. Estás empezando a reconocer las capas de tu crisálida y con cada acto valiente de superación de estas convicciones estás cortando y venciendo los contornos de tus limitaciones.

¿No es increíble ver la verdadera apariencia de la personalidad? ¿Descubrir la cantidad de convicciones que tenemos y discernir aquellas que son limitantes y, de hecho, erróneas?

El Ser íntimo de cada ser humano es perfecto y hecho de luz, a imagen y semejanza de Dios. Somos co-creadores del mundo personal y del mundo extendido. Cualquier otra cosa distinta al amor, la paz, la felicidad, la abundancia, la acción amorosa y el cumplimiento de la misión personal son convicciones falsas. Todas las convicciones que generan temor, separación, odio, inseguridad, celos, envidia y ansiedad provienen del ego.

CAPITULO XI

El ego

Deseo aclararles que todo lo que expreso en este libro está basado en mis ideas y lo que considero mi verdad. Por favor toma lo que resuene con tu corazón, ya que lo único realmente importante, es la verdad de cada persona.

Pienso que todos tenemos una idea de lo que es el ego. Al fin y al cabo palabras como egoísta, egocéntrico y egoico son términos que no hablarían muy bien de una persona. La convicción generalizada es que el ego es, en sí, malo o negativo.

El ego es simplemente la expresión del ser físico personal, que al ser solamente de carne y hueso, y al poseer un instinto enorme de supervivencia, no quiere morir.

En el hombre primitivo o que vivía a merced de la naturaleza, el ego y el instinto de supervivencia eran, básicamente, el mismo.

El ego forma parte importante del cerebro humano y su función consiste en evitar a toda costa todo lo que pueda significar la muerte del cuerpo. La enfermedad, la escasez de alimentos, la exposición a los elementos, y el olvido, forman parte del temor a la destrucción.

Pero entonces, si el ego no es en sí malo, ¿por qué se le culpa de tanta miseria?

La respuesta, pienso yo, está en que el ego es puramente materialista; cuando se encarga de los demás solamente lo hace para evitar otros aspectos de la destrucción. El ego busca vivir en sociedad pues sabe que hay seguridad siendo parte de un grupo. El ego necesita tener hijos, pues ellos son expresiones físicas de su existencia y lo más cercano que tiene a la inmortalidad. Para ello el ego necesita una pareja que le pertenezca y a la cual pueda controlar. El control lo ejerce ya sea la mujer para que el hombre invierta todos sus recursos y poder protector en los hijos de ella, y el hombre porque necesita estar seguro de que son sus genes lo que se están perpetuando en esos hijos.

Pero aún cuando el ego reconoce la necesidad de vivir en comunidad, y a pesar de crear reglas de comportamiento que ayudan a la armonía del grupo social, necesita saber que es más fuerte, capaz e inteligente que los demás. En un mundo donde el ego vive en temor de la escasez, hay que competir por las provisiones y tener un lugar para guardarlas para el futuro. No importa si otros miembros de la comunidad necesitan esas provisiones hoy.

En el ego necesito proteger a mi pareja y a mis hijos de los demás, ya sea de su control o de la posibilidad de peligro, por encima de los demás adultos y de los demás hijos. Es así como un hijo sin padres está solo. ¿Cómo va una pareja a utilizar recursos propios en un ser que no los está perpetuando? Claro, a no ser que esta pareja en particular no pueda tener hijos y necesite una seguridad o por lo menos la esperanza de no estar solos en su vejez. Después de la muerte, el mayor temor humano en el ego es la soledad: ¿Quién me va a cuidar en mi enfermedad, escasez o vejez?

El ego opera de un lugar de miedo y hoy en día, cuando no tenemos peligros inminentes para la vida, como el de ser atacados por un tigre o el de pasar una hambruna (por lo menos en la mayor parte de las comunidades), el ego opera a niveles mucho más sofisticados. Sin embargo, la premicia es la misma: "Vivo en un mundo de escasez, donde cada cual vela por sus propios intereses, y quiero evitar la muerte a toda costa".

La acumulación de bienes, la necesidad de la belleza física para obtener una pareja más poderosa y rica, la necesidad de tener hijos "perfectos" en los que invertimos todo lo que tenemos y más, la necesidad de controlar nuestro entorno y las personas que lo componen, el deseo de ser "especiales" y "superiores" a los demás para así "asegurar" nuestro futuro se convierte en nuestra prioridad. Al ser superiores y distintos a los otros, no nos va a suceder nada de lo "malo" y "feo" que les sucede a ellos. El ego vive en la ilusión de la separación y obsesionado con la mortalidad y el sufrimiento. El ego es el ser carnal del que habla el amado Maestro Jesús y el Cristianismo.

El ego trabaja a través de la mente y los pensamientos. Una mente sin entrenamiento y conocimiento del poder del pensamiento y las emociones, es presa fácil del ser carnal y de la miseria creada en la vida personal y en la realidad mundial.

Todas las actividades e instituciones humanas, por muy altruistas que sean corren el peligro de caer en manos del ego. Esto incluye a los gobiernos, filosofías espirituales y políticas, instituciones religiosas, fundaciones caritativas, etc.

Por eso es tan necesario para el ser que quiere evolucionar obtener el entrenamiento y la maestría de la mente. ¿Cómo? Primero con la intención, luego con la disciplina de la meditación y la oración eficaz, también utilizando las herramientas de la visualización, aprendiendo a manejar los estados emocionales-vibracionales de la mente, trabajando en el perdón y siguiendo los llamados del Ser Superior o Alma para las acciones cotidianas.

Al obtener maestría sobre el ser y reconocer al ego como parte de nuestra condición humana que podemos aprender a conocer y reconocer, tendremos una mayor comprensión de nosotros mismos y de nuestros hermanos, cada cual en esa dualidad que tenemos todos: el ser carnal de vibración material creación nuestra, y el Ser Energético Superior, eterno, puro y unido con Dios y toda la Creación en UNO.

Entonces aún cuando el ego es parte importante e intrínseca de todos nosotros, no nos sirve ya para nuestro siguiente paso en la evolución. Ya somos supervivientes. El ego nos sirvió, y en ocasiones de peligro inminente nos sirve aún, para este fin, a través del instinto de conservación.

La siguiente etapa de la evolución humana se basa en el amor a todo y a todos, empezando por nosotros mismos. El amor verdadero y divino, que es incondicional y que existe como la luz en la oscuridad, es el amor universal o cósmico. El ego nos acerca a nuestro cuerpo físico y al mundo material; el ser superior o el alma nos acerca a nuestra divinidad y a la Fuente de la Creación, mientras que nos permite gozar de las maravillas del mundo y de nuestros semejantes, durante el tiempo que estamos en él.

El Alma sabe que la muerte del ser no existe y que la verdadera conciencia no se encuentra en el cerebro sino en la mente superior. Ese es el mayor temor del ego: perder el control del ser en la tierra, pues el ego sí cree en la muerte. Cuando se vive del corazón que es la puerta del alma y la silla de la Presencia Soy, se logra ser un observador y parte del todo. La dualidad deja de existir dentro del alma de cada cual y por ende en el mundo personal. Una vez que la dualidad deja de existir estaremos viviendo desde una dimensión de existencia mucho más amplia y que se encuentra más allá de la tercera dimensión y sus limitaciones.

Los Maestros Ascendidos y los Santos han logrado la maestría del ego totalmente al fusionarse con el Espíritu mientras estaban en la tierra. Jesús logró unir el ego/cuerpo al espíritu y elevar las vibraciones todos sus cuerpos a tal punto que pudo ascender en cuerpo y alma.

En esto consiste la transmutación de la materia en energía, a través de la aceleración de las partículas atómicas y subatómicas. En el caso de Jesús, él lo logró luego de haber sido torturado y muerto brutalmente, y rodeado de todas las emociones bajas del mundo. Su poder del Amor era tal, y la maestría de su mente y su cuerpo emocional tan pura como para hacer posible la resurrección y la ascensión del cuerpo. El es el Cristo viviente que vino para darnos ejemplo de fe y para mostrarnos con su vida y ejemplo el cristo que todos somos en la potencialidad de nuestro ser. El demostró que la vida, y no la muerte, es el estado natural del ser y que nosotros estamos llamados a seguir su ejemplo hasta en este aspecto. "El que crea en mí, hará también las obras que yo hago, y hará mayores aún, porque yo voy al Padre." Juan 14:12

Muchos de los Maestros y Maestras Ascendidos conforman la Hermandad Blanca de la Tierra y tienen la misión amorosa de guiarnos, velar por nosotros y ganar dispensaciones para superar nuestras deudas espirituales o karma. Su propósito es el de ayudarnos a ascender, y por medio nuestro, introducir conceptos de conciencia nueva para elevar a la humanidad. Ellos forman parte de la jerarquía humana que trabaja para la Luz y siendo más adelantados en la evolución del ser, saben lo que es estar en el mundo y nos ayudan siempre que los necesitamos y lo pedimos.

Cada era tiene un avatar o profeta y éste se presenta cada 2,000 años. Jesús es el avatar de la Era de Piscis, la cual inició la conciencia de Amor Incondicional y compasión en la humanidad. Además nos entregó el concepto de la potencialidad del hombre como hijo de Dios, a través del perdón de los pecados mediante la Misericordia. Es decir, el perdón de las deudas para la salvación del alma.

Saint Germain es el patrón de la Era de Acuario en la que estamos entrando y su trabajo, junto con el de la Señora Porcia es el de la libertad del alma y la transmutación de las faltas o karma de la raza para permitir la ascensión de muchas almas al plano de existencia de los Maestros.

La memoria de la historia del alma está archivada a nivel celular en el cuerpo físico. Este registro incluye además las memorias ancestrales y las impresiones de las deudas kármicas o transgresiones colectivas de la raza; éstas también están archivadas en la matriz energética o cuerpo etérico, e igualmente a nivel inconsciente en el cuerpo emocional o el subconsciente; estas deudas kármicas se materializan en patrones de conducta basados en las convicciones, a través de la mente y sus pensamientos.

Para empezar a discernir entre la motivación del ego y del Alma, hay que comprender que cualquier acción que atente contra los intereses del ego, en un principio, nos hace sentir incómodos. La sola idea de dar sin pensar en recibir, de amar incondicionalmente, de tomar cualquier tipo de riesgo que nos indica el corazón, y de aceptar cambios sin resistencia, puede provocar gran ansiedad y hacer que nos demos por vencidos. El ego a veces nos impide intentar cosas buenas y nuevas que nos hacen felices y que por eso mismo son una indicación clara de que tienen coherencia con nuestro propósito de vida. El lema del ego es: "más vale malo conocido que bueno por conocer"; el cerebro y la mente analítica y lógica están conectados a través de sus vías neurológicas para hacer que permanezcamos dentro de los confines de nuestra maya o crisálida, en una realidad que tiene cierta "lógica" a y que no es más que el ego actuando a través del intelecto.

CAPITULO XII

Las Leyes Universales

En octubre del 2010 fui invitada a la reunión anual del SGF en Canadá, a la cual asistí muy agradecida por tener la oportunidad de conocer en persona a algunos de los integrantes de esta fundación dedicada a difundir los mensajes de la Hermandad Blanca de Maestros Ascendidos para el mundo. Entre los muchos temas que tratamos tocamos brevemente el tema de la compilación de las Leyes Universales en la cual éste, y estoy segura, otros grupos están trabajando para expresarlas de manera coherente.

Las leyes Universales o Cósmicas son inexorables y automáticas. Allí no hay necesidad de abogados ni jueces. Al conocerlas nos será muchísimo más fácil entender cómo adaptarnos a ellas y lograr nuestras metas.

La Era de Acuario en la cual nos encontramos, con su apertura a una mayor vibración energética y de la conciencia humana, permite que la raza desee volver a las Leyes Cósmicas, que son el aspecto puro de las leyes de religiones organizadas o dogmas, y las leyes gubernamentales y sociales que en este momento no le sirven a la humanidad. Los niños que han nacido, especialmente en las últimas dos décadas, ya vienen programados para reconocer y aplicar estas leyes.

Las instituciones humanas, las cuales tienen como objetivo alinearnos con las leyes sociales y dogmas religiosos, y que forman parte de todos los aspectos de nuestras vidas, nos han fallado, en su mayor parte. Por medio de toda la tecnología que poseemos, la cual nos provee de información prácticamente inmediata, a través de la comunicación ilimitada, cada vez estamos despertando más a la realidad de las instituciones que hasta ahora nos habían engañado, mentido y manipulado para lograr el bienestar de unos pocos, en detrimento de la mayoría.

La era Acuariana es la era de la Libertad. La libertad de pensamiento, la necesidad aun mayor del ejercicio del libre albedrío, idealmente, de manera consciente y responsable sin transgredir la libertad de los demás, permitiendo al mismo tiempo que la unidad real de todos y el todo sea posible.

La necesidad de ejercer nuestro libre albedrio es tan grande ahora, que nos está llevando a todos, y especialmente a las generaciones más jóvenes, a ejercerlo a como dé lugar. En esto consiste la actitud narcisista que estamos experimentando y que no es más que el impulso de seguir el propósito individual que ahora se presenta de forma irresistible llevando cada vez a una mayor cantidad de personas a cambiar sus vidas totalmente, aún cuando esto conlleve la destrucción de relaciones importantes, carreras y expectativas culturales y sociales, y hasta de la personalidad que hemos tenido hasta esta momento.

Estamos en medio de una revolución de proporciones tan enormes y que se está presentando a una velocidad tan vertiginosa, que solo cuando todo se logre calmar y miremos hacia atrás, podremos comprender sus alcances. Se trata de una revolución personal interior y colectiva a la vez; el mundo que conocemos se está tambaleando y la realidad colectiva está desmoronándose vertiginosamente. Sin embargo, y a pesar del temor, estamos dándole la bienvenida y participando de lleno, aun a sabiendas de las dificultades y penurias que estos cambios nos están causando. El Alma está lista; en el fondo del Ser sabemos que hemos escogido estar aquí y ahora para este momento de la historia, en el que tenemos la oportunidad de triunfar y entrar en una nueva etapa de evolución de manera masiva.

La ética nueva, que es la de siempre, ha sido la base de la creación de las leyes humanas las cuales inevitablemente son influenciadas por el ego y las limitaciones creadas por nuestras convicciones y necesidad de control. La ética del Alma y del Ser Interior que hemos llamado conciencia, sigue el aspecto puro de las Leyes Universales, y es la única que puede llevarnos al siguiente nivel evolutivo, el cual ahora tiene que ser, por fuerza, colectivo. El conocimiento, o más bien el re-conocimiento de estas leyes nos ayudará para poder canalizar los impulsos de cambio que estamos percibiendo, y guiarnos en el proceso de una evolución del Alma consciente e intencional.

Existe mucha información de todo tipo sobre cuáles son las Leyes Cósmicas, basada en filosofías muy antiguas, información científica moderna y enseñanzas de maestros actuales como Deepak Chopra, autores como Wayne Dyer y John Assaraf y otros. Los invito a explorarlas. Por lo pronto les quiero ofrecer un entendimiento básico y práctico que tengo de ellas para los fines de mi trabajo de Life Coach (Entrenadora de vida) con la Evolución Consciente del Ser.

Las Leyes Universales son obedecidas por toda la Creación y por lo tanto traspasan todos los niveles de la realidad visible e invisible. Las leyes o mandamientos espirituales y religiosos se nos han dado para que nos sirvan como guías en la relación entre nosotros, Dios y el mundo. Al seguir las leyes o mandamientos del espíritu estamos existiendo en armonía con las Leyes Cósmicas. Todas las leyes espirituales se resumen en una sola que es la que Jesús nos enseñó: "Ama a Dios con todo tu corazón y al prójimo como a ti mismo".

El amor a Dios/ Fuente incluye el amor a sí mismo ya que todos somos parte de Dios. El amor a los demás equivaldría al mismo tipo de amor. El amor incondicional es la única ley necesaria para que haya armonía absoluta entre los seres humanos y la Creación.

Las leyes Universales se refieren a la Creación en sí y son las siguientes:

LEY DE LA POTENCIALIDAD

Esta ley es el principio de todo. Permite que de la nada exista la creación. La potencialidad es el poder de la posibilidad pura; es la semilla, la creatividad, Dios.

La semilla lleva dentro de sí toda la información necesaria para convertirse en el árbol que YA ES dentro de sí. De la nada o de aquello que parece lo más cercano a la nada, como lo es una sub partícula de luz, hay creación esperando para manifestarse. La potencialidad es el poder creativo puro.

Por la ley de la potencialidad TODO LO QUE SE PUEDA CONCEBIR EN LA IMAGINACION, ES POSIBLE.

Imaginación=imagen y semejanza=Dios

Concepción Inmaculada=Pensamiento Puro=Creación Perfecta

Para que el potencial creativo se ponga en acción, se requiere primero que exista un deseo que es el ingrediente emocional. Es importante tener en cuenta que el deseo es un resultado anticipado en la imaginación. Por ejemplo, si yo deseo una casa nueva, por la ley de potencialidad, la casa YA me pertenece. Me imagino que ya la tengo y anticipo la alegría que esto me daría. La segunda condición es la del pensamiento creativo o imaginación. El tercer ingrediente es la INTENCION. La intención es la resolución del Alma cuando decide que va a encauzar su energía de manera enfocada para reconocer y llevar a cabo las acciones necesarias para que la materialización de lo deseado sea posible en nuestro plano. El Universo es tan perfecto en su programación que empieza inmediatamente y de manera automática a mover sus mecanismos para la manifestación de ese deseo/intención. Hay que tener en cuenta, sin embargo que el Universo nos dará **exactamente** lo que pedimos en nuestro libre albedrío, a no ser que pidamos lo que deseamos, o "lo que me pertenece por Gracia Divina". Esa es nuestra prerrogativa. Igualmente para el Universo y los procesos de la creación, una emoción como el temor, la cual incita a imaginar situaciones de penuria, es recibida como un deseo, pensamiento, intención y también se podrá materializar siguiendo la ley de potencialidad.

Sin embargo y afortunadamente, las formas-pensamiento positivas tienen más poder, pues conllevan emociones de alegría y anticipación gozosa. La lucha interior, es decir, la lucha de la carne y el espíritu, consiste en lograr que la ley de la potencialidad pueda ser utilizada positivamente cuando el espíritu y sus atributos triunfan sobre el ego y sus temores.

La clave consiste en lograr la maestría de la mente y las emociones para que la Ley de la Potencialidad sea puesta a nuestro servicio.

Para lograr la creación de la vida personal plena la Madre María nos ofreció la Concepción Inmaculaáda. La potencialidad combinada con el pensamiento, deseo e intención son la Concepción o semilla. La Concepción Inmaculada se refiere a la potencialidad hecha realidad a través de una mente y corazón puros, es decir, sin pecado. El pecado es todo lo que viene del ego, y que está basado en el temor y la duda, para sabotear el proceso de Creación Pura.

La concepción inmaculada de la Madre María también se hizo ejemplo por medio de la pureza de pensamiento y sentimiento en la cual fue criado Jesús. A través de los pensamientos puros e impecables, es decir, sin el pecado del ego, Jesús solo podía concebir y crear amor, sin magnificar jamás lo contrario o las creaciones negativas o dañinas de la mente. Este fue un entrenamiento que recibió desde antes de nacer a través de los mensajes energéticos de su madre, y que perfeccionó desde su primera infancia con ayuda de sus padres.

La concepción inmaculada de la mente y las emociones le permitieron crear su realidad de Amor Perfecto y conquistar a la muerte, ya que ésta para Jesús, era inconcebible. Su gran maestría consistió en no permitir que las imágenes de la realidad imperfecta que se le presentaban penetraran en su mente inconsciente creando convicciones erradas. Su pureza de corazón era el filtro perfecto que al mantenerse intacto no permitió magnificar ninguna de las imperfecciones ni paradigmas del mundo ni de los seres que en él habitaban con sus convicciones de escasez, enfermedad, desamor, soledad y muerte.

El nos hizo el llamado a través de su ejemplo a seguir el mismo camino de pureza de corazón y mente para la materialización del Reino.

LEY DE LA MANIFESTACION

El PENSAMIENTO-PALABRA energizados con la EMOCION-ENERGIA permiten que se precipite la realidad que percibimos. Siempre que pensamos estamos creando y las palabras son pensamientos potencializados. Debemos ser muy cuidadosos con lo que decimos y como lo decimos, pues como ya habíamos dicho, las palabras son decretos para el Universo.

E-moción=movilidad=energía

Todos los seres de la creación y la creación misma continúan con el impulso de la vida en su intención de perpetuarse. La creación completa es, y continúa siendo una expansión del proceso creativo y de la imaginación. La creación es el resultado de la semilla de la potencialidad encontrando las condiciones necesarias para germinar y convertirse en el árbol que ya existía y que estaba esperando para poder materializarse. Estas condiciones se aprovechan en la vida personal cuando el enfoque es claro y la confianza en el proceso absoluta. De lo contrario, cuando hay dudas, es como tratar de manejar un automóvil presionando el acelerador y el freno a la vez. De todos modos, por ser la manifestación un proceso automático la única inquietud para cada uno de nosotros es si vamos a resolver crear manifestaciones conscientes de nuestra realidad en este plano de vida que es donde vivimos, o si continuamos manifestando inconscientemente en nuestro estado durmiente. El poder de decidirlo esta en todos y cada uno.

LEY DE LA ATRACCION

Esta ley es la más importante en la creación o materialización e incluye otras que he categorizado como sub-leyes:

- Ley de la Energía: Todo lo que existe en la creación es energía. Lo que percibimos como materia densa a través de nuestros cinco sentidos es energía que vibra más lentamente.
- Ley de la Vibración: todo lo que existe es energía vibrando a velocidades diferentes. Entre más lenta es la vibración, más se acerca la energía a lo que percibimos nosotros como materia.
- Ley de la Frecuencia: las ondas energéticas vibran a velocidades distintas, es decir que tiene una frecuencia vibratoria
- Por la ley de la Resonancia, una onda vibratoria influye en la vibración de ondas energéticas en su contorno, como lo que sucede con las cuerdas de una guitarra. Las cuerdas que están cerca a la que está sonando empezaran a vibrar y vibraran a velocidad más parecida en cuanto estén más cerca la una a la otra y su tensión y densidad se parezcan. Las ondas que se encuentran en frecuencias de vibración muy similares empezaran a vibrar en conjunto.
- Ley de la Transmutación: La energía no se crea ni se destruye; solamente se transforma. Hay que añadir, además, que la energía según su nivel vibracional, puede ser tan fuerte que podría destruir nuestros cuerpos, o tan sutil que puede ser imperceptible para nuestros sentidos físicos. Por esta ley y teniendo en cuenta, que por ejemplo, la energía solar destruiría nuestro planeta en

toda su fuerza, y sin embargo le da vida en su potencia perfecta, la luz energética requiere de transformadores para que los diferentes niveles de cuerpos energéticos puedan existir dentro del Todo. La potencia de la luz del sol es transformada a través de la distancia y de la magnetosfera. Así mismo las energías sutiles y espirituales son filtradas a través de sistemas energéticos o seres de luz que permiten que su potencia sea transmutada a nuestro nivel energético y de percepción. Si llamásemos a la Fuente de la creación Dios, la jerarquía angelical seria esos transformadores que nos permiten recibir la luz atenuada y preparada para nuestra percepción sutil cuando permitimos conectarnos.

Los pensamientos y emociones son energía y tienen las propiedades de vibración, frecuencia y resonancia. A nivel energético un pensamiento/emoción enviado al universo va a resonar con pensamientos/emociones similares para unirse a ellos. Las formas de pensamiento parecidas se encontraran ejerciendo así lo que llamamos Ley de la Atracción. Esta es, simplemente, la unión en resonancia de las vibraciones energéticas en la misma frecuencia o zona o banda vibratoria. Este proceso es muy similar a las bandas radiales, o a la comunicación de teléfonos celulares, por ejemplo.

La atracción de elementos que resuenan en la misma zona de vibración inicia el proceso de la materialización, empezando por los más sutiles hasta llegar a la sincronización de encontrarse o atraer a las personas y circunstancias que al vibrar en resonancia con nosotros, aparecen en nuestras vidas para materializar con nosotros lo que nuestros pensamientos/emociones han proyectado. El pensamiento/emoción también se llama pensamiento-forma.

TODOS LOS SERES Y CIRCUNSTANCIAS EN NUESTRAS VIDAS SON UNA PROYECCION MATERIALIZADA DE NUESTROS PENSAMIENTOS Y EMOCIONES.

A través de la transformación o transmutación de la energía somos beneficiarios de ésta, de manera perfecta. También es la transmutación nuestro camino para aumentar las vibraciones de nuestros cuerpos sutiles o energéticos para acercarnos cada vez más a la Fuente/Dios. El sentimiento de amor y otras emociones de vibración alta nos acercan y preparan para la comunicación con seres de luz y nos ayudan a acelerar nuestra frecuencia vibracional para poder trascender y llegar a ascender como lo hicieron muchos maestros como el Buda, María la Madre de Jesús, Saint Germain, la Dama Porcia o Libertad, Serapis Bey, El Morya, Kuthumi y muchos otros.

El Maestro Jesús logró integrar su cuerpo a las vibraciones energéticas del espíritu dando lugar a su ascensión en cuerpo y alma. Muchos Maestros han ganado el derecho a la ascensión pero Jesús la logró luego de haber muerto en las circunstancias humanamente más difíciles de superar, rodeado de las emociones/vibraciones más bajas de las que son capaces los seres humanos. Fue así como Jesús literalmente nos abrió el camino de la conciencia del Hombre-Dios y de las posibilidades de todos nosotros y se convirtió en el Cristo de la humanidad. La Madre María también logró la ascensión en cuerpo y alma a través de la transmutación.

LEY DE LA EVOLUCION Y EXPANSION

El cosmos y todo lo creado obedecen a la necesidad de evolucionar. Esto se debe a la etapa de expansión que el universo está experimentando. Todos los sistemas, galaxias, planetas, etc., cumplen con esta ley. La expansión se inició con el Big Bang y continúa por un ciclo de tantos millones de años que para nosotros sería infinita. La expansión del cosmos obedece y se ha llamado en términos espirituales la Exhalación de la Respiración Divina. Sin embargo también está la Contracción que equivaldría a la inhalación de la Respiración de Dios, y que sigue a la expansión cumpliendo así también con la Ley de Ciclos.

La parte de la expansión que nos ocupa es la necesidad de todos los seres de evolucionar. El Ser necesita de esta evolución y cumplirá esta ley ya sea mejorando en integridad o transformándose en algo totalmente diferente a través de la destrucción o desintegración, es decir, el desaparecer como una entidad, para re-aparecer como otra entidad, y continuar, ya sea en el mismo nivel evolutivo hasta que logre superarlo, o regresar inclusive a experimentar un nivel inferior de existencia.

La ley de la Evolución existe en la transformación para el fortalecimiento o desaparición de las especies en la tierra, y esto incluye a la evolución humana tanto como raza, como a nivel personal. Cada ser humano siente la necesidad de evolucionar, y es en el cambio donde radica el crecimiento. En la naturaleza de la creación todo lo que deja de crecer se convierte en obsoleto y se destruye/transforma en algo útil.

A nivel energético y espiritual la evolución humana se lleva a cabo a través del cumplimiento del propósito de vida o **dharma**, el cual obedece a su vez a un Plan Divino para que cada ser humano regrese a Dios tal y como fue en su creación: un ser de mente y corazón puro, integrado en cuerpo, mente y espíritu. El camino ha sido trazado para cada cual en compañía y con la asistencia de los seres de luz, quienes a su vez tienen como propósito de servicio el de ayudarnos en nuestra evolución.

La tradición judeocristiana los llama Elohim, Jerarquías Angelicales y Devas. Estos seres están presentes en muchas otras religiones y filosofías. El principio es el mismo: las Jerarquías o coros angelicales se ubican en orden, siendo los Serafines los seres angelicales más cercanos a Dios o la Fuente pasando a través de los otros ocho coros hasta llegar al Ángel de la Guarda. Por esta jerarquía es que existe la conexión de los hombres con Dios y la asistencia que necesitamos en nuestro camino de la evolución del Alma. Los 7 Elohim son los asistentes de Dios en la Creación del Universo y los siete reinos: mineral, vegetal, animal, humano, etérico, mental y crístico o búdico.

Los Devas y sus jerarquías obedecen a la creación/manifestación y funciones de la naturaleza y son paralelos a la jerarquía angelical. El reino Dévico se encarga de la materialización de patrones energéticos a través de las reacciones químicas para la materia inorgánica. Además son los encargados de la manifestación de los procesos orgánicos de acuerdo con el código genético. En su aspecto energético se encargan del funcionamiento inteligente de la parte material, o realidad condensada de la Madre Tierra o Gaia en su coordinación con todos los sistemas para hacer posible que la naturaleza exista en armonía y equilibrio.

Los seres que integran las jerarquías energéticas o espirituales fueron creados para servir, es decir que no poseen libre albedrío. El don de decidir libremente es el que nos caracteriza en nuestra semejanza con Dios. Tenemos la luz espiritual que nos llega directamente de El a través de las jerarquías celestiales, y el libre albedrio de poder crear a nuestra vez, como maestros de todos los seres a nuestro cargo y que existen en la tierra. Nosotros somos los administradores y dueños de la Tierra y debemos responder por ella y lo que hemos hecho con ella ante nuestro Creador. Así mismo somos los beneficiarios de las maravillas de la creación sobre la Tierra, y los que pagamos las consecuencias de nuestros actos inconscientes o egoístas.

La ley del libre albedrío existe a nivel de la existencia humana, y el efecto karmico por tiranizar y esclavizar al hombre es muy grande.

Los desastres naturales que se presentan obedecen a ciclos de vida del planeta, y como consecuencia de la conexión tan intrínseca que hay entre la humanidad, ahora tan numerosa, estos desastres son también una reacción de Gaia ante las energías y pensamientos-forma que la humanidad envía a su campo electromagnético.

La evolución humana a nivel orgánico o físico consiste en perfeccionar el cuerpo o vehículo-templo para que logre aceptar las frecuencias vibratorias más aceleradas, en sincronicidad con un alma también evolucionada. Existen cambios y mutaciones a nivel ADN y cerebral que permiten el aumento de los sentidos más sutiles de percepción que llamamos intuición y que incluyen la clarividencia, clariaudición, premonición, sabiduría interior, creatividad, inspiración y sentido de dirección. Estos no obedece a procesos analíticos lógicos cerebrales sino a una conciencia ampliada e iluminada. Estas capacidades que han estado dormidas en la conciencia colectiva de la raza humana se están desarrollando aceleradamente. Es fácil ver cómo estos sentidos desarrollados nos llevan al siguiente nivel evolucionario.

LEY DEL MENOR ESFUERZO

La Creación fluye suavemente y con elegancia en su expansión. Su eficiencia demanda que nada se desperdicie, especialmente la energía. En la naturaleza el agua se encauza por donde le sea más fácil fluir, las plantas y los organismos animales ahorran energía y aprovechan todos los nutrientes que pueden en su crecimiento y reproducción, etc. Las semillas germinan y crecen por donde las condiciones están dadas. En la creación no existe ningún mérito en el trabajo forzado ni en las penurias. La conciencia de trabajo y penurias son creación del hombre. Todo lo que fluye con el universo de manera relajada y en confianza es cuidado y goza de todo lo que necesita para existir y progresar.

El sermón del amado Jesús en la montana habla precisamente de esta ley cuando se refiere a que el Padre se encarga de que todos los seres de la Tierra por pequeños que sean reciban todo lo que necesitan para su subsistencia: Mateo 6:26 "Mirad las aves del cielo: no siembran, ni cosechan, ni recogen en graneros; y Vuestro Padre Celestial las alimenta. ¿No valéis vosotros más que ellas?"

La ley del menor esfuerzo no es una licencia para ser perezosos ni negligentes. Esto iría contra la evolución y necesidad de crecimiento. Simplemente las acciones se realizan en el momento oportuno, haciendo siempre lo mejor que se puede en integridad pero sin forzar nada. Las actividades de una persona equilibrada y que actúa desde su corazón son siempre agradables para ella. El esfuerzo implica que estamos yendo contra lo que nos gusta hacer y lo que amamos, o que estamos sufriendo de impaciencia. Cuando hacemos lo que nos gusta y servimos en el amor siempre recibimos la ayuda que necesitamos para que se haga lo que no nos hace felices. Lo que para una persona es un trabajo, para otra es su actividad favorita. Cuando la remuneración es justa para quienes nos ayudan y el ser está encauzado en las actividades que le dicta su corazón y lo hacen feliz, se está viviendo bajo la Ley del Menor Esfuerzo.

Esfuerzo= es-fuerza=actividad forzada en contra de la fluidez de la vida=energía perdida

LEY DE LA ABUNDANCIA

De un árbol sembrado se producen decenas, si no, cientos de frutos. De una sola fruta se extrae un puñado de semillas, de las cuales cada una es un árbol en potencia. El efecto multiplicador en el Universo es enorme e incalculable y el Cosmos está diseñado para gozar de la abundancia, pues ésta cumple con la ley de expansión y evolución. De hecho cuando escucho decir que los Estados Unidos están endeudados en **trillones** de dólares quedo un poco confusa en mi mente carente de mucho entrenamiento económico. ¡El mundo tiene 6.5 billones de personas! Si la sola deuda de un país es tan colosal y hay tantos países en el mismo predicamento, ¿cómo es posible que exista la escasez en un solo hogar del mundo, o un solo estómago vacío? Con todos los recursos financieros y tecnológicos de la era actual es fácil comprender que el hambre y la miseria son una aberración de esta ley.

Donde haya escasez no se está cumpliendo con la Ley Universal de la Abundancia y esto solo puede obedecer a la mala intervención del libre albedrio del hombre y su ego. El ego es fácilmente influenciado y manipulado por las Fuerzas enemigas de la vida. El temor y las penurias en escasez son la herramienta más poderosa de los agentes de la oscuridad que buscan la destrucción del hombre y el dominio de su alma.

LEY DE LA CAUSA Y EFECTO

Todo lo que hemos visto hasta ahora en este libro sobre la manifestación suena muy bonito. En teoría todos podríamos ser ultra-millonarios y tener el hombre o mujer que quisiéramos a nuestro lado. De acuerdo con las leyes universales así es. Sabiendo esto es importante recordar que en el universo todo se mueve de manera circular, o más bien concéntrica. Esto incluye los planetas y estrellas, obedeciendo a leyes físicas en la tela o rejilla del cosmos, el cual se pliega creándose así una vía u órbita para cada cuerpo celeste. Cada pensamiento-forma y obra que se emiten hacia el Universo tiene un efecto boomerang. De allí que lo que enviemos, siendo un pensamiento-forma, simplemente dé la vuelta de la misma manera y llegue de nuevo a nosotros como en una espiral. **Esa es la Ley.** Este efecto es el que vemos en la ley de **Dar y Recibir**. Vamos a recibir inexorablemente lo que entreguemos, sea positivo o negativo. Si damos amor, generosidad, bondad, etc., recibiremos lo mismo, aun cuando no sea directamente de las personas o situaciones que esperamos. Si entregamos odio, avaricia, si juzgamos, etc., así mismo será lo que recibimos.

Dentro de esta ley también se incluye la ley de la **remuneración,** la cual es la aplicación consciente de la ley de dar y recibir; la remuneración en dinero, bienes y servicios debe ser **justa** y **recíproca** para el desarrollo y efecto multiplicador de las actividades humanas dentro de la abundancia.

La ley del **diezmo** es otro aspecto de la ley de dar y recibir/ causa y efecto. Consiste en dar el 10% a iglesias, templos, misiones, o cualquier institución que trabaje para el desarrollo espiritual de la humanidad, o el trabajo de Dios en aplicación y cooperación con la ley de evolución del alma. El diezmo es aparte y separado de donaciones para causas generosas. Por la ley multiplicadora del Universo, el diezmo se recupera siempre siete veces siete. ¿No me crees? ¡Ensayalo! ¡El costo de este ejercicio viene a ser más bien, una inversión con un retorno inmenso!

Otro aspecto de la Ley causa/efecto dicta: **"a cada acción hay una reacción equivalente y opuesta"**. La realidad de esta ley la vemos todos los días, por ejemplo a nivel de acontecimientos mundiales. Las guerras son producto de esta ley en un ciclo de violencia que se perpetúa a sí mismo. Los movimientos revolucionarios y agentes de cambio más duraderos e importantes se han logrado a través de la **no-resistencia**. Esto lo han sabido muchos profetas, avatares, maestros y líderes como Moisés, Buda, Jesús y Mahatma Gandhi. Este ultimo como ya sabemos, logro la independencia de la India liderando un movimiento pacífico. Más recientemente, el fin del Apartheid en Sudáfrica fue logrado por Nelson Mandela y su movimiento pacífico, y en el 2011, el movimiento pro-democracia logró la liberación de Egipto de un régimen dictatorial y cruel, dando ejemplo a otros países del Medio Oriente cuyos pueblos quieren lo mismo, y que al resonar y actuar de acuerdo con sus deseos colectivos de libertad, ellos será también agentes del cambio para otros países.

De hecho todos los movimientos de cambio que tengan en su intención las palabras "guerra" o "lucha" están destinados al fracaso, aún cuando la meta sea noble.

La "guerra" contra el narcotráfico y la "lucha" contra el cáncer, por ejemplo, y a pesar de ser bien intencionadas crean reacciones. En el primer caso la razón es obvia. En el segundo, es mejor trabajar como aliado del cuerpo, permitiendo solamente alimentos sanos, el ejercicio, una vida sin tensiones con mucha fe y amor hacia sí mismo.

El cáncer es una manifestación de karma sin resolver y por lo tanto es un mensaje del alma. No se lucha contra él. Eso es lo mismo que matar al mensajero, un mensajero que con frecuencia persiste. El cáncer y otras enfermedades y condiciones se procesan asistiendo al cuerpo con todas las herramientas naturales y/o farmacológicas necesarias en busca de la salud, y promoviendo la sanación emocional a través del perdón y del cambio de convicciones.

El crear demasiado énfasis en la enfermedad siembra la semilla en la mente no consciente, dando cabida así al temor de la enfermedad y a la manifestación y continuación de la misma. Recordemos que para el Universo, el temor y el deseo son ambos pensamientos-forma que al ser originados a través de la ley de potencialidad, combinados con el pensamiento, energizados con la emoción y desligados por la ley del desapego van a tender a materializarse. La semilla de este temor puede germinar creando la enfermedad en el cuerpo. Y aquí es cuando se observa la reacción. La lucha contra el cáncer, a nivel energético y real, crea aún más cáncer.

Sería entonces mejor y más coherente con las leyes universales adherirse a un movimiento de mente sana y cuerpo sano", por ejemplo. En este caso la meta consiste en conservar la salud, o ayudar al proceso de sanación.

La salud es el estado natural del cuerpo. Una mente positiva y enfocada que actúa con el cuerpo como aliado sin planteamientos de enfermedad y dirigida más bien al amor propio sano, una buena alimentación, el descanso, el ejercicio, la diversión sana, las buenas relaciones, la meditación, la oración, el servicio a los demás y la práctica de la gratitud y el perdón, son herramientas que tenemos a nuestro alcance para amar a nuestro cuerpo y vivir sanamente sin resistencia. También aquí es muy importante observar el acondicionamiento que tenemos sobre la salud, o más bien las enfermedades y condiciones "heredadas" y familiares. Se han hecho estudios que comprueban que las "ovejas negras" de las familias no adquieren ni desarrollan el tipo de dolencias asociadas con sus parientes.

Dentro de la Ley de Causa y Efecto la más importante porque tiene que ver con la evolución del hombre es la ley del **Karma**, Deuda del Alma o Pecado. El karma o pecado son deudas acumuladas durante la existencia de cada corriente de vida (cada ser), las cuales quedan grabadas a nivel energético y en la memoria de las células y que deben ser remediadas. Los pecados son actos, pensamientos y emociones que hayan transgredido a otros seres y a sí mismo causando algún daño o sufrimientos. La importancia consiste en que estos actos, pensamientos y emociones también conllevan un efecto multiplicador. Los actos, pensamientos e intenciones del alma quedan grabados para siempre en el Akasha o campo energético de la Tierra. Cada alma tiene un registro akásico o akáshico el cual lleva una crónica completa de su existencia.

El karma es la ley que conserva a las almas en el mismo plano de existencia hasta que las deudas sean saldadas. Esta es la manera como el alma evoluciona y aprende, y a la vez se "castiga" a sí misma, creando un círculo sin fin o rueda de la vida, el cual solo se puede romper con la ascensión o salvación. Esto se logra después de saldar todas las deudas kármicas y aprendiendo a tener pureza mental y emocional, ya sea través de la iluminación espiritual o a través del acto de contrición y el perdón. El Perdón sincero e intencional es la llave que nos lleva a la salvación y nos ayuda a transmutar el karma para limpiar el alma de todas las deudas. Este es el camino que Jesús nos enseñó con su ejemplo. El perdón absoluto de todo karma nos lleva al Amor Incondicional o Universal, permitiéndonos trascender a otro plano de existencia de mayor vibración donde están los Maestros Ascendidos. El Perdón a través de la Gracia Divina es el "atajo" que Jesús vino a enseñarnos. A través de su muerte voluntaria en la cruz él cargó energéticamente con el karma o pecado de la humanidad para transmutarlo y ganar para nosotros la dispensación de la salvación fuera de la rueda de la vida. A través de la semilla de amor y servicio que Jesús plantó para la humanidad logró aumentar nuestro nivel vibracional y le dio entrada en la conciencia colectiva a la compasión y al concepto de la unidad en hermandad. Sin embargo después de ser perdonados los pecados es necesario que la conciencia del alma cambie para no continuar creando deudas nuevas, y que se enmienden los errores hasta donde sea posible con la mejor intención.

Para lograr la transmutación de los pecados Jesús nos dejó el gran regalo de la comunión. La hostia consagrada

ES la llave a la vibración energética salvadora del amado Maestro Jesús. Nos llena de la luz divina, aún mas en cuanto estemos comulgando con intención honesta. Por eso es que debe haber primero un acto de contrición y purificación del corazón antes de recibir el pan, pues esto entona el cuerpo para el nivel vibratorio apropiado. El acto de confesión es muy importante, pero más aun es el reconocimiento del pecado para limpiar el corazón de impurezas. La intención de cambiar y de conectarse con la luz de Jesús nos eleva automáticamente y nos prepara para recibir su energía.

La vibración energética que adquirimos con la hostia consagrada nos eleva al punto de irradiar la energía a nuestro contorno y de elevar las vibraciones alrededor nuestro. Estas energías sumadas a las de otros que comulguen con nosotros altera el campo vibratorio, dependiendo de la fuerza espiritual en la fe de los individuos. La influencia energética positiva abarca literalmente muchas cuadras y hasta kilómetros alrededor de templo. Lo mismo sucede con la vibración espiritual de los seres queridos y de aquellos que están conectados más íntimamente a cada una de esas personas. Al aumentar la vibración energética se da entrada a una sensación de amor, paz y gozo, y se abren portales en la conciencia de todos los influenciados. La energía vibratoria de estos sentimientos permite la sanación del alma del pecado, ayuda a que las relaciones humanas sean armónicas y facilita la sanación el cuerpo.

La oración personal y en grupo tiene un efecto similar en cuanto al aumento vibracional y el logro del perdón y los milagros. El efecto es como el de las ondas que generan la piedra lanzada al agua, y cada persona es una piedrita que multiplica el efecto indefinidamente. Hoy en día hay muchos grupos alrededor del mundo dedicados a la oración intencional para elevar la vibración de toda la humanidad, en contrapeso de la acción de vibración baja que los medios de comunicación provocan al concentrar su atención, y la de las masas, en los hechos negativos del orbe. Al enfocarse y enfocarnos en los aspectos bajos de la humanidad, el efecto es el de la magnificación de estos hechos y la perpetuación de emociones y actos bajos que están basados en convicciones erradas de separación/enemistad, odio, ira, injusticia, escasez, etc., todos cuales nos llevan a la guerra. La guerra es la mayor aberración humana que existe y una materialización del Ego cuando este es presa absoluta del temor o las ansias de poder.

Muchos maestros nos han dejado herramientas para asistirnos en el aumento de vibración personal y de la raza. De hecho cualquier religión o filosofía que promueva el amor y la conexión entre todos está en coherencia con las leyes universales. Las filosofías y religiones caen en manos del Ego cuando empiezan a operar a través del temor, la división y la intención de manipular y controlar el libre albedrio de los otros.

Una herramienta muy bella e importante para quienes tenemos tradiciones católicas nos la entrego la Madre María con el rosario. La práctica frecuente del mismo también nos adentra en la zona de vibración energética alta para el trabajo de la luz. Mahoma y otras prácticas de monasterios católicos y budistas, la tradición de la oración al amanecer y al anochecer se asemejan en su intención y efecto. Buda nos enseñó la importancia de la práctica de la meditación y los cánticos con este mismo fin. De hecho estos son unos pocos ejemplos ya que todas las tradiciones espirituales, incluyendo las del respeto y "adoración" a la Madre Tierra y a la Naturaleza o paganas como en las tradiciones de pueblos Nativos y antiguos, en cuanto sean puras, nos han entregado herramientas similares con el fin de exaltar los aspectos nobles de la humanidad y permitirnos interceder por seres amados y la humanidad en general.

El Maestro Ascendido Saint Germain aportó para la Era de Acuario, que es la que estamos iniciando, la llama violeta de la transmutación, la cual se trabaja en meditación para lograr el Perdón y la transmutación consciente de todo karma. El color violeta (ondas ultravioletas) como ya sabemos, es el que posee la vibración más rápida del espectro de luz. Todos los pensamientos y sentimientos nobles de la luz ayudan a aumentar la vibración de la energía que nos rodea, y por el efecto de resonancia, la de otros que se encuentren en nuestro campo de influencia.

Lo mismo sucede con energías de baja vibración cuando son muy enfocadas y continuas. Las energías de frecuencia alta cancelan a aquellas de frecuencia lenta. Por eso un pensamiento o emoción positiva contrarresta los negativos con facilidad. Las tradiciones energéticas que buscan y trabajan con espectros de vibraciones bajas y oscuras solamente tienen poder cuando utilizan los trucos del ego: el temor, la inseguridad y la convicción de separación o superioridad de unos sobre otros. Estas no tienen ningún poder una vez que somos conscientes de la manera como trabajan, pues la luz penetra fácilmente a la oscuridad. Cabe anotar que se debe tener cuidado de no caer en manos de seres inescrupulosos que pretenden lograr ayudar a las personas a materializar cosas que quieren pero que no están dentro de las intenciones del bien común y de la luz. A través de la fe y la paciencia, todo lo bueno que nos pertenece por derecho divino llega a cada uno de nosotros.

LEY DE LA NO RESISTENCIA

Se podría decir que esta ley forma parte de la Ley del menor esfuerzo. La no resistencia o desapego equivale espiritualmente a la aceptación, y consiste en hacer lo mejor que puedas en tu integridad con buena intención, y desprenderte de los resultados. Una vez que la semilla se encuentra con las condiciones perfectas para su desarrollo, se deja tranquila o se arriesga uno a alterar las condiciones y destruir la germinación.

A través del desapego permitimos que la maquinaria de la ley de atracción sea puesta a funcionar y fluya, y de esta manera evitamos que nuestra acción provoque una reacción opuesta que entorpezca la materialización de nuestra vida de abundancia. El desapego es una actitud normal en la naturaleza. En nosotros se entorpece por los efectos del libre albedrio y el ego. El desapego se logra solamente a través de la Fe. Si tenemos Fe de que todo es perfecto y que vamos a recibir todo aquello que deseamos y pedimos, entonces luego de la acción solo queda el permitir que transcurra el tiempo necesario para que se manifiesten los resultados. El apego crea literalmente cordones energéticos que anclan las situaciones y a las personas, entorpeciendo y saboteando nuestros planes.

Al practicar el desapego empezamos a fluir con nuestra vida y a disfrutar del **ahora** que es la única realidad que tenemos en este plano de la existencia, mientras permitimos que los acontecimientos se desencadenen según las leyes universales. A través del desapego aprendemos a discernir cuándo actuar y cuándo retirarnos para no obstruir. También dejamos de preocuparnos por sucesos imaginarios que nos llenan de temor y nos obligan a crear pensamientos-forma que nos afectan negativamente a nosotros mismos y a la conciencia colectiva. Al comprender que en nuestro paso por la vida todos los bienes y circunstancias son pasajeros y que al practicar el desapego podemos disfrutar de todo en gratitud, estaremos listos para soltar lo viejo y obsoleto para dar lugar a lo nuevo.

No siempre lo que deseamos está en sintonía con el propósito de nuestra alma. Cuando nos empecinamos, por ejemplo, en el amor obsesivo a una persona que a lo mejor no nos ama, nos estamos negando el amor verdadero de otra persona, que es la asignada por nuestra alma. Lo mismo pasa con los bienes materiales y nuestras actividades. El secreto del discernimiento está en la fluidez. Lo demás es cuestión de tiempo y de no tener expectativas sobre cómo y cuándo la manifestación se va a llevar a cabo.

Estar en el mundo es como ser invitado por un rey infinitamente generoso que es dueño de todo. Podemos ser el buen invitado que disfruta de la hospitalidad del rey con gratitud y gozo aprovechando cada momento, pero sabiendo que nada le pertenece, o podemos escoger ser el mal invitado que al recibir tanto sin tener que pagar, termina no apreciando la hospitalidad. En la convicción de que en cualquier momento se puede acabar la fuente de provisión, trata de apropiarse de lo que no le pertenece guardándolo y escondiéndolo. Ninguno de los dos invitados se podrá llevar nada a casa. El buen invitado es feliz y recibirá más e infinitamente por su gratitud y actitud. El mal invitado estará preocupado de ser expulsado del reino y no disfrutara de su estadía ni estará siempre listo a recibir aun más.

La mejor forma de practicar el desapego es a través de vivir el **ahora** plenamente.

LEY DE LA REFLEXION

Como es Arriba así es Abajo y como es Adentro así es Afuera.

Las circunstancias de cada uno son un reflejo de lo que sucede en el interior de sí mismo. Desde el aspecto físico, estado de salud, posición financiera, condición familiar, etc., la vida de una persona es un retrato exacto de lo que pasa en su interior. No hay ninguna persona ni circunstancia externa a sí mismo a la que se pueda culpar. Al ser la realidad maleable y una materialización de nuestras convicciones, la responsabilidad de crearla y de cambiarla como agentes libres del Universo que somos, es nuestra. La realidad que vivimos y que creamos individual y colectivamente es el resultado de nuestros pensamientos y acciones. Esta ley es también inexorable.

Desde antes de nacer el alma escoge las circunstancias y condiciones de su entrada al mundo. Sus padres, familiares y hasta los que catalogamos como enemigos son parte del plan, de acuerdo con el karma o deudas que hay que saldar y de las lecciones que el alma quiere aprender. Para el alma ésta es una oportunidad enorme e incalculable para la cual tiene que esperar turno. Los Maestros de la Junta Karmica deciden qué almas van a encarnar en cada ciclo del planeta. Por eso es que interrumpir la vida de otra persona es una transgresión contra el mismo Dios. Aún cuando la víctima se haya ofrecido para ser parte de esta prueba aceptando sacrificarse, el consumar este acto es siempre un fracaso del alma del victimario, y muchas veces también de la víctima cuando el acto le deja emociones de rencor. Este acto es tan serio porque altera el Plan para muchos y retrasa enormemente la ascensión de la raza.

El niño es parte del mundo karmico de sus padres hasta los siete años de edad. A partir de esta edad que es la de conciencia empieza a vivir y a acumular su propio Karma dentro del marco de la vida de su familia. A partir de los trece años de edad la persona entra a actuar según su libre albedrio y se convierte en un ser absolutamente responsable de sus decisiones.

Toda muerte que no sea por causas naturales y que suceda antes de llevar una vida completa es una aberración del Plan Divino, y el resultado de eventos karmicos, incluyendo las muertes que se dan durante las catástrofes naturales.

Ya vimos que la naturaleza responde a ciclos y también a las emociones colectivas, y vibra de acuerdo con ellas. De otro lado, algunos de aquellos que están en el lugar del desastre tienen un aviso para salvarse y hasta circunstancias que se presentan para evitar que se encuentren en el lugar donde van a ser víctimas. Las historias de cómo han sido salvadas personas en desastres de manera milagrosa son muy conocidas. Desafortunadamente nos queda imposible saber cuáles fueron los avisos y señales para los que perecieron. Aquellos que sobreviven y son tocados por la tragedia tienen siempre lecciones para aprender y los que se van tienen siempre la oportunidad de continuar evolucionando ya sea en este plano con otra oportunidad, o en otro plano de existencia.

Jesús dijo: "Los días del mundo son cortos", refiriéndose a la vida de cada ser. Sin importar cuántos años viva una persona, esta vida es un suspiro en el tiempo del Universo y todos terminamos unidos de nuevo a Dios y a los seres queridos al final de cada ciclo. Entonces la separación en la muerte es breve y la conexión espiritual con los seres amados continúa sin importar si éstos se encuentran en un viaje largo en otro país, o si están en el viaje a otro plano de existencia.

Como es arriba, así esabajo se refiere a que lo que hay en el cielo o plano espiritual se refleja en la tierra. La materia tiene un patrón energético que es el mapa sobre el cual se materializa la realidad de nuestra dimensión.

Todo lo que existe en el mundo obedece a la materialización de este patrón energético.

Más allá del patrón energético de la materia, están los seres y energías más desarrolladas en la evolución, y el patrón de existencia de estos seres en su relación también se refleja en la Tierra. Entonces como en el cielo hay jerarquías, lo mismo sucede en la tierra, por ejemplo. Las jerarquías son un signo de evolución superior en las especies y, claro está, en el hombre. Desde el punto de vista energético y creativo todos los inventos científicos humanos y las grandes ideas son formulados primero en el plano espiritual o energético como pensamientos-forma, y luego se materializan en el plano tridimensional nuestro, a través de la inspiración en aquellos que están conectados creativamente y tienen la intención de materializar sus ideas. Por eso es que cuando la humanidad esta lista, es decir, tiene la necesidad evolutiva para que se dé lugar un descubrimiento o invento nuevo, éste tiende a manifestarse simultáneamente en más de un lugar del planeta.

LEY DE LA DUALIDAD

La ley de la dualidad existe a nivel de la materia visible de nuestro Universo, pero como la Ley del libre albedrío no se aplica a todos los niveles de la creación. Consiste en que así como existe luz, hay oscuridad; si hay seres de luz o ángeles existen también los seres de la oscuridad o demonios, si hay dolor también hay placer; existe el sufrimiento y también el gozo, etc. Dentro de cada uno de nosotros están los aspectos humanos más egoicos y de frecuencias energéticas inferiores, al igual que los más nobles y sublimes. Amarlo todo y a todos, incluyendo los aspectos negativos nos llevan a la integración con la luz que es la meta de todos los seres de nuestro plano de existencia en su camino por la evolución. La dualidad en nuestro mundo es necesaria para que haya un equilibrio entre lo material y lo espiritual o energético. La naturaleza misma existe en la dualidad y solamente sobrevive cuando hay un equilibrio. Al comprender y aceptar nuestra dualidad abrimos la puerta al perdón y, junto con la aceptación y concientización de esta dualidad, continuar por el camino de la sanación del Alma y el aprendizaje del Amor Incondicional.

LEY DE LOS CICLOS

Todo en el universo funciona de manera concéntrica y cíclica. La Respiración Divina consiste en la Inhalación donde toda la creación se concentra en un punto ínfimo de la Fuente y la Exhalación que provoca la expansión. Este proceso se presenta en todos los aspectos de la creación: el movimiento orbitacional de los sistemas galácticos, estrellas y planetas, la vida en la tierra y sus ciclos de las estaciones, nacimiento y muerte de animales y plantas, efectos del ciclo lunar en los mares y los ciclos de siembra y cosecha. La vida de cada ser esta también compuesta de ciclos o etapas, así como todas sus actividades, empezando por las etapas del desarrollo del infante hasta la madurez y muerte, y de manera extendida, llegando hasta los ciclos económicos de las naciones.

Al comprender que los ciclos son una ley inexorable nos es más fácil practicar la Aceptación y la No-Resistencia hacia los cambios. Por medio de la aceptación nos permitimos fluir en la cotidianeidad a la vez que nos conservamos en el camino hacia la meta. Una vez que llegamos a una meta, por la ley de ciclos y evolución, luego de un periodo de reposo, estaremos listos y deseosos para emprender un camino nuevo hacia la siguiente etapa de crecimiento y un ciclo nuevo.

LEY DEL UNO O UNICIDAD

Todo lo creado forma parte de la Fuente, es decir Dios. Cada persona es única en sí misma y a la vez parte intrínseca e importante del todo. Sería como si cada individuo fuera una gota de agua en el océano. Si falta una sola gota el océano deja de ser completo, pero toda ilusión de separación no deja de ser eso: una ilusión. Aún cuando esté aparentemente sola, la gota tiene en sí todas las características y composición química del océano, siendo en sí una fracción del mismo y comportándose inexorablemente como agua que es. Sin embargo no estará jamás completa existiendo como su potencial indica y ser océano mientras se encuentre aparte de las demás gotas.

Dentro del Alma de todos existe esta verdad y por eso tenemos la necesidad tan enorme de ser aceptados y ser parte de la unidad. El amor permite que esto se lleve a cabo, y es el amor la meta y el camino de todo ser. La plenitud del corazón existe solamente cuando se vive en unicidad y en la aceptación de los demás en esta unicidad. Los deseos de ser único y especial vienen del ego y crean la ilusión de separación. El ser que vive en unión, o comunión con Dios y la Creación comprende que siendo único en sus talentos, funciones y lugar en el Universo, YA ES especial.

La unicidad es vital en la integración de todas las células y sistemas de nuestro cuerpo, permitiendo que este funcione en su perfección y que vivamos en un vehículo completo y viable para tener esta experiencia humana. De nada nos sirve que el sistema circulatorio funcione muy bien, si nuestro sistema inmunológico no está practicando su función. Así mismo, las actividades humanas más exitosas son las que se llevan a cabo en equipo. La raza humana es una sola y es como un cuerpo en el cual cada integrante es vital y necesario para que haya armonía y crecimiento. Cada integrante es especial y único en cuanto a sus características y funciones siendo imposible que el uno sea más importante que el otro. Hasta aquel ser que consideremos el más humilde es vital para el todo.

Nuestro bellísimo planeta azul y verde funciona bajo el mismo principio. Hasta sus integrantes más minúsculos son de gran importancia para la vitalidad y salud de la Tierra y deben ser respetados. El hombre como grupo es parte de este organismo vivo siendo el único que tiene la capacidad de alterar la vida del planeta. Por este motivo su función vendría a ser, por decir algo, la función que lleva a cabo el cerebro en el cuerpo humano. Como tal, es una parte de la totalidad de la naturaleza, que aun cuando tenga un lugar de mayor impacto, es simplemente un componente que no puede funcionar sólo y sin integración.

Por ende, al vivir en la ilusión de la separación y de la competencia de unos con otros nos alejamos de la meta del alma. La conexión entre todos y todo es inexorable y todo lo que creamos en nuestras vidas tiene consecuencias para todos y para nosotros mismo. La meta final de todos y cada uno de los seres de la creación, a través de su propósito de vida, consiste en el servicio de manera armónica para llegar a unirse a la Fuente o al UNO.

CAPITULO XIII

¿Qué es la abundancia?

"He venido para que tengan vida y la tengan en abundancia"- Jesús

La palabra "abundancia" evoca, pienso yo distintas ideas, según cada persona. Ciertamente la vida de Jesús, de acuerdo a lo que sabemos de él como persona, no contenía demasiada abundancia de bienes materiales. Pareciera más bien que en su ejemplo de vida la prosperidad económica no fuera un plan para el hombre que quiera seguir sus enseñanzas, y que de alguna manera hay virtud en la pobreza.

El concepto de la pobreza en la humildad está radicado en esta convicción. También en otras tradiciones como la budista, por ejemplo, el desapego a los bienes es parte del crecimiento espiritual. Sabemos que el Buda abandonó todas sus riquezas para ir por el mundo sin pertenencias.

La carencia de posesiones cuando se tiene un propósito de llevar una existencia de crecimiento espiritual, de acuerdo a la ley del desapego y como testimonio de la fe en la provisión divina, es un testimonio de vida espiritual enriquecida. Sin embargo las personas que siguen ese camino de apostolado son responsables solamente de sí mismas y deciden no tener pareja ni hijos. El desarrollo en su evolución se presenta en un marco de dedicación total en servicio a los demás ya sea activo en sanación, instrucción y dedicación total, o pasivo en un estado de meditación, oración y/o contemplación para la iluminación personal o el aumento vibracional del mundo. Para esas personas su vida de abundancia se encuentra en el espíritu y tienen propósito exclusivo de servicio en desapego.

La vida en abundancia es, simplemente aquella en la cual hay plenitud, es decir, felicidad.

Esto quiere decir que para un hombre que siente en su interior el deseo de tener una familia, una vida de carencias y miseria no puede formar parte del cumplimiento de su misión, pues un buen padre tiene la necesidad en servicio de proveer a su familia de una vida carente de penurias, que les dé seguridad y que les permita tener experiencias enriquecedoras que solo se pueden lograr a través del dinero en el mundo actual. El padre que es buen proveedor dentro de las leyes universales está cumpliendo con su propósito en cuanto éste lo haga feliz.

Además de bienes materiales el padre que provee en abundancia también entrega su atención, afecto, dirección y tiempo a su familia. En este caso la pobreza ya sea material o emocional es una aberración en su misión de proveedor. La intención y entrega en servicio a su familia conllevan la prosperidad y la abundancia.

La medida de abundancia es distinta para cada persona pues su misión y el cumplimiento de su propósito de vida tienen requerimientos diferentes en ciclos diferentes de su vida. Los talentos y capacidades de cada quien son distintos y las funciones individuales están planeadas para que cada servicio tenga un lugar en el Plan Divino o desarrollo colectivo. Por lo tanto la plenitud y prosperidad se materializan de manera diferente en cada individuo. Por eso dice en la Biblia que la "copa de cada cual será llena hasta rebosar". La copa o cáliz de cada persona tiene características y medidas diferentes.

Para vivir en abundancia se necesita poder fluir con la corriente de la vida en la certeza de que existe la Provisión Divina y de que ésta es infalible. El conocimiento de la ley de dar y recibir y la aplicación de la misma son indispensables para vivir en abundancia. La purificación de la mente y el corazón permiten que los pensamientos y actitudes de escasez sean evitados y reemplazados por sentimientos y actitudes de abundancia.

La abundancia se adquiere permitiéndose primero el derecho de soñar y visualizar, adquiriendo y reforzando la convicción de ser merecedores de todo lo bueno como herederos de Dios que somos, actuando con generosidad bajo la certeza de la provisión ilimitada, pidiendo a través de la oración y los deseos del corazón y aceptando siempre con gratitud los regalos divinos, los cuales llegan de maneras inesperadas y siempre a través de otros.

Parte de la abundancia consiste en disfrutar de los regalos cotidianos y vivir la vida intensamente, pues ésta en sí misma es el mayor regalo de todos.

Una vida en abundancia consiste de salud, amor, paz, propósito, gozo, experiencias enriquecedoras y bienes materiales. La abundancia en todo aspecto es un reflejo físico de un interior equilibrado y guiado por el Yo Superior, y de una persona que ha logrado maestría mental y emocional.

SEGUNDA PARTE

COMO SURGIR DE TU CRISALIDA

INTRODUCCION

En esta segunda parte del libro te estoy presentando un programa estructurado que fue desarrollado por mí y que utilizo como base para la práctica con mis clientes de Life Coaching. La experiencia ha sido muy satisfactoria para mí y ellos reportan que les queda fácil de implementar en su rutina cotidiana, y que han experimentado cambios maravillosos en sus vidas. Este plan lo aplico en el trabajo personalizado durante el programa de diez sesiones que ofrezco, pero sé que puede ser implementado por cualquier persona que quiera comprometerse con un cambio personal. Lo comparto con mucho amor y te invito a practicarlo.

Necesitarás un cuaderno o bitácora para apuntar tu sueños, experiencias durante la meditación, ideas creativas para la solución de asuntos en tu vida, y en fin, todo lo relacionado con el proceso.

Ante todo debes decidir si te comprometes a completar las tareas durante cada semana, **diariamente**, y una vez que empieces es muy importante continuar hasta el final. Vas a notar que comienzan a suceder cosas inesperadas y que las coincidencias y sucesos "mágicos" se empiezan a presentar con más frecuencia en tu vida. Es en esos precisos momentos donde puedes tener la tentación de no continuar con el programa, pero te pido que lo hagas para no encontrarte de nuevo en breve en un lugar semejante al que quieres dejar atrás. La vida continuará ofreciendo obstáculos y retos pero ya tendrás mejores herramientas y sabrás utilizarlas en las ocasiones que las necesites.

El viaje de la mariposa empieza cuando ésta emerge de la crisálida. Esta es la etapa de tu metamorfosis para la cual espero, humildemente, tener el honor de contribuir.

CAPITULO I

La oración eficaz

Todo pensamiento energizado con emoción toma forma y es interpretado como un pedido, sin que el Universo pueda realmente juzgar si este es "positivo" o "negativo". De hecho, muchos de los deseos humanos cuando son creados por el ego se realizan con consecuencias inesperadas por la ley Causa-Efecto. Los deseos del ego, aun los más altruistas son miopes pues nos queda muy difícil poder ver las ramificaciones que el cumplimiento de estos deseos pueda tener. Entonces un deseo cumplido y manifestado a través del ego puede pasar de ser algo "positivo" a ser una gran causa de infelicidad y hasta una tragedia.

Hace unos años después de haberme certificado como Lectora Angelical, me inscribí para dar lecturas gratuitas por el internet. Las lecturas angelicales siempre tienen un trasfondo de enseñanza y orientación en el cumplimiento de la Ley del Amor, y los mensajes están dirigidos a la evolución del alma. Muchas personas comprendían la importancia de estos mensajes, pero siempre estaba la persona que quería saber en qué fecha fulanito iba a divorciarse para irse a vivir con él o ella; cuándo y en qué circunstancia se iba a morir el padre o abuelo para poder contar con la herencia esperada; qué hacer para poder adquirir el puesto en el trabajo de algún compañero que era considerado un inepto o que simplemente obstaculizaba sus planes.

Es fácil confundir los deseos y crear situaciones de infelicidad para muchos, las cuales inevitablemente se volverán contra el que las desea y las pide en transgresión, sea por egoísmo o por ignorancia de las consecuencias.

Recordemos además que las palabras también son órdenes y que aquellas que se emiten impulsadas por la ira u otras energías de vibraciones bajas también son oraciones o más bien maldiciones. La consecuencia es la misma y eso lo han sabido todos los trabajadores de la oscuridad en todos los tiempos. La ley del karma o causa y efecto se aplica igualmente en estos casos.

Entonces, ¿Cómo orar para obtener lo que deseo para mi bien?

Oración= Deseo + Pensamiento + Emoción

Deseo: este debe sentirse en el corazón y con la intención de no dañar a otros sino mas bien el de bendecirlos.

Pensamiento o Palabra: Formulados de tal manera que la intención de recibir con gozo lo que deseamos a través de la Gracia Divina y de acuerdo con los designios y tiempos de Dios se cumple en coordinación con el bien de los involucrados. La imaginación y visualización son el lenguaje más directo en cuanto al pensamiento.

Visualízate en la situación deseada e imagina lo más vívidamente posible la gratitud y felicidad que sentirás. Los detalles y la forma como se realizará el deseo déjaselos al Universo.

Emoción: El impulso energético emotivo debe basarse en la **Gratitud**, pues este sentimiento es la parte activa de la **Fe**. Al pedir en gratitud, el deseo ya está concedido en los niveles superiores y se manifestara según la ley de "Como es Arriba, así Abajo". El segundo ingrediente emocional de la oración eficaz es él:

Desapego: Este es muy importante para evitar crear ataduras energéticas que obstaculizan el cumplimiento del deseo por la ley **acción - reacción**. Al olvidar y desentendernos del proceso evitamos correr con el riesgo de enviar emociones que lo atrasan o anulan como la duda, la impaciencia, la frustración, etc. De esta forma actuaremos en el momento y medida apropiados para ser un instrumento eficiente del mismo. A través del desapego haces lo mejor que puedes en la medida y momento oportunos y te desprendes de los resultados.

El desapego también nos permite fluir con la vida cotidiana en tanto que el deseo que hemos formulado se cumple, ya que la respuesta a nuestras oraciones puede y suele llegar de forma y en momentos inesperados. Entonces al fluir y estar en paz y en confianza, la oportunidad nos encontrará listos para aceptar y **recibir.**

Prudencia: No comentes a nadie tus planes para evitar interferencias emocionales de celos, egoísmo, dudas, expectativas, etc., y comentarios que te hagan perder la fe y determinación. Solamente comenta los planes con quienes son parte directa de ellos, o que tus corazonadas te indiquen que pueden ayudarte a llevarlos a cabo.

Una fórmula que aprendí leyendo el libro El Juego de la Vida, de Florence Scovel Shinn dice, a grosso modo:

Para conseguir el trabajo ideal:

"Te doy gracias Padre/Dios/Fuente, pues me hallo bajo la Gracia y no bajo la Ley, y te pido del fondo de mi corazón que me concedas el trabajo (empleo, posición) perfecto, de la manera perfecta, realizando la actividad perfecta y por la remuneración perfecta. Concédeme el trabajo o posición que me pertenecen por Derecho Divino".

Yo utilizo este sistema con variaciones personales teniendo en cuenta que éste tenga todos los ingredientes:

Se está formulando la oración en gratitud; se está pidiendo que se olviden las deudas Karmicas (Ley), ya que estando bajo la Gracia se está acudiendo a la Misericordia Divina para que si la situación en la que uno se encuentra se debe a deudas kármicas, éstas sean perdonadas. Al pedir el empleo, posición o trabajo perfectos y al que se tiene derecho, evitamos transgredir los merecimientos y hasta deudas kármicas de otros en detrimento del Plan Divino, y evitamos así crear más deudas personales, o limitarnos. Finalmente, dejamos en manos de la Voluntad Divina la decisión para que el cumplimiento sea perfecto de acuerdo con el propósito del alma. Muchas veces los Planes de Dios para nosotros son mucho más grandes de lo que creemos y se presentan de maneras totalmente inesperadas.

Esta fórmula es una sugerencia. Sustituye las palabras para otros pedidos, como por ejemplo la pareja perfecta o ideal, la casa perfecta, el negocio perfecto, etc. Recuerda siempre agregar que se haga la Voluntad Divina ante todo. La Voluntad Divina es siempre la misma que la voluntad del Alma, aun cuando nosotros no lo reconozcamos conscientemente.

El ejercicio de vivir constantemente en gratitud es una corriente emocional que abre la conciencia superior y nos permite recibir regalos continuamente. Pide todo el tiempo y con la certeza de que el universo fue creado para obedecer tus pedidos. Para el mecanismo de materialización es lo mismo conceder deseos grandes o pequeños. Recuerda las bellas palabras del amado Jesús: "Pedid y se os concederá".

Recuerdo la historia de una chiquilla que cumplía 7 años y quien recientemente había tenido un hermanito. Sus padres siempre le habían dado todo lo que deseaba y ahora estaba viéndose obligada a compartir su atención y cariño con este pequeño intruso en su vida. Mamá y Papá sabiendo esto, prepararon la fiesta de cumpleaños más especial de su vida y resolvieron darle una gran sorpresa, anticipando la alegría de la niña.

La chiquilla estaba convencida que había pasado a segundo plano y como los padres no estaban comentando nada sobre la celebración, asumió que ni siquiera se acordaban de su cumpleaños. Esto nunca le había preocupado: ella daba por hecho que su cumpleaños siempre era un gran acontecimiento. Bueno, ¡hasta la llegada del bebé!

Resolvió que sus padres amaban más a su hermanito que a ella y que se iría de su casa para castigarlos por su descuido. En la mañana del cumpleaños, antes de ver a sus padres y con su corazoncito hecho pedazos, la chiquilla guardó en un bolso su juguete favorito y su cobijita y huyó de casa. Se escondería en su lugar secreto del parque y después decidiría qué hacer.

Cuando mamá fue a buscarla como todos los años con su bandeja de desayuno a su camita, la niña ya no estaba. Presa de la angustia ella y toda su familia se dedicaron a buscarla por todos lados, sin encontrar rastros de ella.

A la hora en punto llegaron los payasos, los encargados de las diversiones y decoraciones y alistaron todo tal y como se había planeado. El caballito poni, el regalo soñado también arribó para encontrar un cuadro desolador y una familia desesperada y triste.

Los amiguitos esperaron mientras que los adultos buscaban a la niña, hasta que ella, cansada, con frio y hambre resolvió volver a casa. Ya era muy tarde y se había pasado el tiempo de celebrar. Comprobó con su corazón desgarrado que había destruido la celebración más bella de todas, tontamente. Sus padres la abrazaron felices y aliviados de comprobar que su adorada hijita estaba bien, mientras alababan a Dios por haberla cuidado en su escapada. Sin embargo la niña ya no podía volver el tiempo atrás y tendría que soportar el dolor de lo perdido, todo por haberse dejado llevar por sus temores y por su falta de fe en el amor de sus padres.

Cuando parece que los deseos no se van a cumplir, es el momento de tener aún más fe no sea que cuando llegue lo deseado, no nos encuentre allí para recibirlo.

Tarea para la primera semana:

Practica un mínimo de 5 minutos, dos veces al día, de oración eficaz dando primero las gracias A Dios/Padre/Fuente por todas las bendiciones recibidas. Formula tus pedidos con visualización y en gratitud. Date permiso para pedir cosas pequeñas que te den alegría en tu vida cotidiana. Pídeles a los ángeles que te ayuden en todo aún en lo que consideres de mínima importancia. No creas que los estás importunando. Ellos son felices cuando les pedimos ayuda y están obligados a acudir pues éste es su propósito.

CAPITULO II

La meditación

Si la oración es la comunicación de nosotros hacia el Padre y la emisión de nuestros pensamientos-forma hacia el Universo, la meditación es el espacio que creamos para que podamos recibir las respuestas. Es en el silencio de la meditación que logramos acallar el ruido mental que tenemos continuamente, tanto de los pensamientos propios como de los ajenos, los cuales se cuelan a través de las emociones en el ambiente y conversaciones e información que nos llega constantemente. De la misma manera como introducimos comidas basura o chatarra en el cuerpo, el mundo se encarga de que, a conciencia o no, consumamos basura emocional y mental constantemente a través de los medios, los comentarios y los estados anímicos de quienes nos rodean.

Solamente en la soledad y el silencio nos damos la oportunidad de escuchar a nuestra voz interior y a la comunicación divina para poder poner en perspectiva los acontecimientos y calmar nuestros estados emotivos.

Está comprobado por diversos estudios, que la meditación, en cualquiera que sea su forma, nos da beneficios físicos pues disminuye el nivel de tensión, lo cual a su vez mejora el sistema inmunológico, mejora problemas de tensión arterial, permite una mejor oxigenación de la sangre y permite el funcionamiento orgánico y glandular de manera más eficiente.

A nivel mental, la meditación nos ayuda a funcionar en la zona óptima de frecuencia cerebral, mejorando la concentración, creatividad, claridad de pensamiento, capacidad de deducción y toma de decisiones.

Emocionalmente nos beneficiamos pues al relajar el sistema nervioso entramos en un estado de calma que nos permite descansar de la sobrecarga emocional y conectarnos con nuestra alma. Volvemos a recordar lo que verdaderamente importa en la vida y nos tomamos el tiempo para desarrollar las virtudes del espíritu como la fe, la paz, el amor, el gozo, el perdón, etc. Las virtudes del espíritu nos permiten llevar vidas más felices, armónicas y sabias.

Espiritualmente, la meditación es el instrumento más importante para el cambio interior y la maestría de los pensamientos y las emociones. Mediante la meditación logramos los estados mentales y espirituales necesarios para transmutar el karma, manifestar lo correspondiente al Plan Divino en la Tierra, y seguir el camino a la ascensión.

Practicar la meditación cotidiana es como tomar unas mini-vacaciones de la realidad y centrarnos en el ser y en la Presencia YO SOY, es decir nuestra conciencia superior.

Lo ideal es adaptar un rincón u habitación para que sea tu lugar personal de retiro. Este lugar debe mantenerse siempre organizado, despejado y limpio. No se requiere más que una silla cómoda y si lo deseas, una mesita donde puedas colocar objetos especiales personales que te conduzcan a sentirte conectado con el espíritu: velas, una o más fotos de maestros espirituales y/o seres queridos, ojalá una planta, cristales, una fuentecita de agua, etc. Algunas personas tienen un altar con Jesús o la Madre María, santos favoritos, ángeles, El Buda, etc. Es útil también tener música. Respeta tu espacio y decide quién puede entrar en él.

Al meditar en el mismo lugar con frecuencia, la energía vibracional alta se va quedando allí, de manera que te será cada vez más fácil entrar en el estado de paz que se requiere para practicar la oración y la meditación.

Existen tantos estilos de meditación cuantas personas la practican. Básicamente, la meditación puede ser activa o pasiva. La meditación pasiva se practica con el cuerpo en absoluta quietud, acomodado con la columna vertical recta, sea sentado y con la piernas cruzadas al estilo del loto sobre un almohadón, o en una silla cómoda con los pies apoyados en el suelo. Algunas personas la practican acostadas pero se corre el delicioso riesgo de quedarse profundamente dormido.

La meditación activa se practica al unísono con el movimiento corporal.

Dentro de las meditaciones pasivas se encuentran las técnicas orientales budistas, las cuales se centran en lograr la disciplina de vaciar todo pensamiento de la mente, mediante la concentración en la respiración y/o mantras que son palabras o cantos, y/o mandalas que son imágenes mentales o visuales. La meditación oriental busca adquirir la iluminación y ascensión a través del ejercicio de la respiración. También existen un sinnúmero de técnicas para aplicar y muchísimos libros que se pueden consultar si hay mucho interés hacia las practicas orientales.

Hay otras meditaciones pasivas que se acoplan mejor a la mente occidental, y que son en las que me voy a concentrar en este libro. Estas utilizan la visualización, como por ejemplo, imaginar el lugar perfecto y personal, lleno de paz. Según la personalidad, cada quien imagina ya sea un lugar en la naturaleza, o una habitación o aposento, templo, castillo, cueva, etc. En este lugar de la imaginación puede haber componentes como el agua, la brisa, el sol, música, ¡en fin! Las posibilidades son infinitas. La meditación consiste entonces en retirarse mentalmente a ese lugar virtual creado por uno a gusto personal.

Dentro de los estilos de meditación activa están las técnicas orientales como el yoga, el taichí, las artes marciales y muchas otras.

Una técnica que me gusta mucho es la meditación activa en la naturaleza, la cual se consigue mientras se camina concentrándose solamente en la percepción de los sentidos físicos, uno a uno y luego todos al tiempo. Al aprender a estar presente en el momento, se logra vaciar la mente de su bullicio y se adquiere la paz interior, al tiempo que se llega a resonar con el ritmo vibracional electromagnético de la naturaleza, el cual es el estado natural del cuerpo y el cerebro.

Todas las artes practicadas con amor y entregados a la creatividad se efectúan también en estado meditativo, al igual que los deportes, siempre que estos estén desprovistos de agresividad y competitividad, tales como: correr, pescar, esquiar, patinar, montar en bicicleta, escalar, etc. Una actividad tan cotidiana como limpiar la casa, cocinar o trabajar en el jardín pueden convertirse en una oportunidad para meditar cuando la mente se concentra exclusivamente en la perfección del movimiento y la actividad que se está llevando a cabo. El baile en cualquiera de sus formas es una técnica muy placentera de meditación, cuando éste se realiza en alineación con música armónica y se practica disfrutando el placer puro del movimiento, sin ninguna otra distracción mental. Existen técnicas de baile como la biodanza y las danzas circulares, el ballet, o simplemente el bailar en casa al son de música que nos haga sentir calma y felicidad.

La práctica de las diferentes técnicas y la intención de adquirir y mantener la paz interior, logran con el tiempo que todas las actividades cotidianas, por rutinarias que parezcan, adquieran una nueva dimensión de conciencia. De esta manera se logra estar en el vértice o zona optima de unión cuerpo-mente-alma para fluir con el día y los acontecimientos y lograr centrarse en medio de todas las circunstancias.

Variaciones de la meditación muy bellas y que se practican en la tradición católica son: el rosario, las novenas a los santos y la contemplación.

El rosario equivale a la repetición de las oraciones a modo de mantra combinadas con la intención en oración de pedir por uno y los demás. La parte repetitiva conlleva un estado meditativo en calma abriéndonos energéticamente a la conexión con Dios y La Santa Madre y su Hijo Jesús. Nos llena del Espíritu Santo el cual es una inyección de energía de amor y sabiduría para la sanación del alma y su evolución. Rezar el rosario en familia o en grupo es una conexión energética muy poderosa para la manifestación de milagros y la transmutación del alma.

Las novenas logran el mismo objetivo y efecto con una intención clara y prolongada por los nueve días de su duración, con la invocación del santo que se desee. Los Santos, Maestros y Guías son seres ascendidos a otro plano de existencia, en el cual están en la posición de interceder por nosotros y nuestros seres queridos para obtener dispensaciones que de otra manera y por deudas kármicas o pecados, no mereceríamos.

La contemplación es la práctica de sentarse en estado meditativo a reflexionar sobre un don del alma o misterio que queramos conocer mejor. A mí me gusta mucho incorporar la contemplación a la rutina cotidiana. Luego de reflexionar sobre un atributo del espíritu que quisiera aumentar o adquirir, me dedico a practicarlo todo el tiempo por un día, una semana o un mes.

Por ejemplo, y aprovechando que estamos orando todos los días eficazmente, puedes empezar con la gratitud. Incorpora este sentimiento y proponte a practicarlo todos los días desde que te levantes hasta que te acuestes, por una semana. A lo mejor descubrirás, como me sucede a mí, que vas a querer practicar el vivir en gratitud la semana siguiente y la siguiente después de esa. Puedes tener una lista de atributos y estar siempre en la práctica de uno de ellos. Proponle a tu pareja o amigos para que se apliquen en la práctica del mismo atributo en compañía. Ejemplo de otros ejercicios: no juzgar o criticar, ser honesto, tener pensamientos puros, tener fe, actuar y hablar con prudencia, sonreír todo el tiempo, no tomar nada personal, perdonar, tener paciencia, actuar sin afanes, pedir y aceptar la ayuda de otros, practicar el respeto a todo y a todos, etc. El corazón te va a indicar en qué aplicarte y por cuánto tiempo. Es bueno imprimir la palabra correspondiente o escribirla en letras grandes para tenerla a la vista en la casa y lugar de trabajo.

COMO MEDITAR.

Es bueno hacer un estiramiento breve antes de meditar. Si te encuentras en mucho estado de nerviosismo o si tienes un nivel muy alto de energía, medita después de realizar actividades físicas. Procura meditar siempre a la misma hora, sin hambre, ni sed. Las mejores horas son después de levantarse en la mañana luego de un estiramiento y sentado, y/o antes de acostarse en la noche.

EVITA TENER EXPECTATIVAS. CADA MEDITACION ES DISTINTA Y SIEMPRE RECIBES BENEFICIOS.

Los siguientes son los pasos básicos a seguir siempre que se vaya a meditar:

1. ESCOGER UN LUGAR TRANQUILO DONDE NO VAYAS A SER INTERRUMPIDO. APAGAR EL CELULAR, LA TELEVISION, ETC.
2. USAR ROPAS COMODAS, LOGRAR UNA TEMPERATURA AMBIENTAL AGRADABLE
   NO TENER HAMBRE NI SED, NI EL ESTOMAGO DEMASIADO LLENO,Y TENER A LA MANO EL CUADERNO DE NOTAS
3. SENTARSE COMODAMENTE EN EL SUELO SOBRE UN ALMOHADON O EN UNA SILLA CON LOS PIES SOBRE EL PISO SIN CRUZARLOS, ESPALDA RECTA Y BARBILLA PARALELA AL PISO
4. COLOCAR LAS MANOS ABIERTAS SOBRE LAS PIERNAS CON LAS PALMAS HACIA ARRIBA
5. CERRAR LOS OJOS, RESPIRAR PROFUNDAMENTE HASTA EL ESTOMAGO 3-4 VECES INHALANDO POR LA NARIZ Y EXHALANDO POR LA BOCA. INHALA MIENTRAS CUENTAS DE 1 A 4, AGUANTA LA RESPIRACION AL CONTEO 1 A 4, EXHALA CONTANDO DE 1 A 4, AGUANTA 1-4 Y REPITE. NO DEBES FORZAR EL PROCESO
6. EXTENDER UN SENTIMIENTO DE GRATITUD EN EL CORAZON A DIOS/UNIVERSO Y A LA VIDA, MIENTRAS QUE ENUMERAS TODAS LAS BENDICIONES EN TU VIDA
7. PEDIR A SAN MIGUEL ARCANGEL PROTECCION DIVINA VISUALIZANDO UN TUBO DE LUZ BLANCA BAJANDO DEL CIELO Y RODEANDOTE. IMAGINA QUE ESTAS RESPIRANDO LA LUZ BLANCA QUE ES LA FUERZA VITAL Y TAMBIEN SE LLAMA PRANA O CHI.

8. SE CONTINUA RESPIRANDO SUAVEMENTE POR LA NARIZ ESTANDO PRESENTE EN EL CUERPO, RELAJANDO CADA PARTE DEL MISMO, UNO POR UNO, DESDE LOS PIES HASTA LA CABEZA.
9. SE CONTINUA RESPIRANDO SUAVEMENTE POR LA NARIZ.
10. CONCENTRATE SOLAMENTE EN LA SENSACION DE LA RESPIRACION ENTRANDO Y SALIENDO SUAVEMENTE POR LAS FOSAS NASALES Y EN LA MARAVILLA QUE ES EL RESPIRAR.
11. HONRAS CADA PENSAMIENTO SIN TENSIONARTE Y LO DEJAS IR. TE VUELVES A CONCENTRAR EN LA PUNTA DE LA NARIZ SINTIENDO EL AIRE DE LA RESPIRACION. PARA AYUDARTE. SI HAY MUCHO DIALOGO INTERNO TEN UN MANTRA COMO POR EJEMPLO, "YO SOY", PRONUNCIA EL SONIDO "OM" O VISUALIZA UN SIMBOLO O MANDALA.
12. HAZ LA MEDITACION QUE DESEES O CONCENTRATE SOLAMENTE EN LA RESPIRACION VACIANDO LA MENTE DE PENSAMIENTOS. HAZ ESTA MEDITACION POR UNOS 5 A 10 MINUTOS
13. VUELVE MENTALMENTE AL SALON, RESPIRA PROFUNDO, ABRE LOS OJOS DESPACIO Y ESTIRATE.
14. ESCRIBE IDEAS, VISIONES O MENSAJES O SIMPLEMENTE NOTAS SOBRE LA EXPERIENCIA

Recuerda tener paciencia y no ser duro contigo mismo. Para adquirir maestría sobre cualquier actividad en la vida se requiere práctica. La meditación no es una excepción. Tampoco tengas ningún tipo de expectativas. Cada día es un nuevo empezar y se recibe de la meditación lo que se necesita.

Aunque creas que no lograste mucho al principio los beneficios de la meditación empiezan a notarse de inmediato. Adquieres más paciencia y tranquilidad, duermes mejor, disminuye tu nivel de tensión, aprovechas mas el tiempo en el día, etc.

OTROS TIPOS DE MEDITACION

Para ayudarte a meditar se consiguen un sinfín de CD con meditaciones guiadas, las cuales son muy útiles. Voy a darles algunas ideas de técnicas para diferentes aplicaciones. Hay que recordar que la intención es lo más importante al igual que la protección lumínica o de los ángeles.

EQUILIBRIO DE CENTROS ENERGETICOS O CHAKRAS

En el siguiente capítulo voy a hablar brevemente sobre las chakras. Estas son remolinos o vértices de energía que se encuentran en todo el cuerpo y que reciben y emiten constantemente vibraciones de frecuencias distintas. Las chakras equilibradas permiten que la energía corporal fluya y se entone con energías positivas que conducen a un mayor estado de salud física y emocional.

Este ejercicio se realiza muy bien sentado pero el resultado es óptimo si se hace estando acostado. Se siguen los pasos mencionado antes para la relajación, respiración, etc. Cuando se encuentra la mente en estado de relajación se hace una visualización; esta también puede adaptarse al estilo de cada persona; lo básico es la visualización con los colores.

- Visualizar que esta uno frente a un campo inmenso en el cual hay un camino. Al fondo se alcanza a ver una construcción, ya sea un castillo, templo, pirámide, etc., construida de cristal diamantino.
- Empiezas a caminar por el camino, sintiendo su suavidad bajo los pies descalzos. Sientes una gran sensación de bienestar, paz y seguridad.
- Al mirar el campo ves de pronto que este está cubierto de flores rojas de todo tipo. El color es intenso. A medida que caminas el rojo carmín se intensifica como si brillara, y empieza a ser emitido hacia ti en forma de luz la cual te rodea y te penetra por el centro energético que termina en la punta del coxis, hacia el centro del cuerpo. El haz de luz sube por tu columna vertebral y emerge por la coronilla mientras te rodea en forma de espiral. Te encuentras rodeado totalmente por la luz roja rubí, la cual también llena todo tu cuerpo. Finalmente la luz retorna hacia las flores. Si no eres una persona visual, puedes describir el proceso en voz alta o en la mente, mientras que inhalas y exhalas suavemente. Este color de luz se relaciona con la primera chakra o chakra raíz.
- Las flores rojas ahora se convierten en un tono naranja intenso. Imagínate estas flores anaranjadas cubriendo todo el campo y emitiendo su luz sobre ti. Repite el ejercicio anterior inhalando la luz y permitiendo que te llene penetrándote primero por el área del vientre. A mitad de la distancia entre el ombligo y el huesito que se halla en el centro de la pelvis. La luz sube por la columna vertebral, emerge por la coronilla, te rodea y llena todo tu ser. Termina enviándola de

nuevo a su origen. Envíala de nuevo hacia el campo. Has trabajado la segunda chakra.

- El siguiente color es el amarillo sol. Este centro energético o tercera chakra se ubica exactamente en el centro del estómago o plexo solar. Visualiza el mismo proceso con flores de este color. La luz amarillo brillante penetra esta vez por la coronilla y por los pies convergiendo en el plexo solar de donde emerge para rodear el cuerpo en forma de espiral. Permite que esta luz solar penetre en todas tus células y espacios corporales. Siente sus beneficios curativos y medita sobre tu voluntad y si estas ejerciendo en tu vida tu poder del libre albedrio para tu felicidad, y de manera alineada con los deseos de tu corazón y la voluntad divina. Envía esta pregunta hacia el campo junto con la luz. No te preocupes de la respuesta pues la sola pregunta ya activa a tu ser para que recibas la respuesta posteriormente.
- En seguida, el campo se llena de vegetación de color verde intenso. Visualiza además esmeraldas enormes, las cuales emiten su radiación que ahora te penetra por el área del corazón, sube y baja simultáneamente por la columna vertebral y emerge por los pies y la coronilla rodeándote. Acepta y percibe sus efectos sanadores tanto en lo físico como en lo emocional. Recibe y acepta el amor incondicional y sanador, el cual llega hasta la cámara interior del corazón por detrás de donde termina el esternón. Permite que tu corazón se abra como una rosa y acepta el efecto sanador del amor universal que es incondicional, el cual te llena y te rodea como abrazándote. Visualiza la luz verde regresando al campo.

- Las flores que ahora llenan esta hermosísima pradera son de color azul claro y turquesa. La luz intensa que emiten penetra por el centro de la garganta donde termina el cuello y empieza el esternón. Repite el ejercicio. Tómate tu tiempo dentro de esta luz y envíala de nuevo a su origen. Esta es tu quinta chakra.
- El campo se llena ahora de flores de color azul índigo cuya luz te penetra por el centro que queda entre las dos cejas, sexta chakra, o tercer ojo; lo encontraras fácilmente con la yema del dedo índice. Al permitir que la luz entre por allí te concentras en iluminar tu cerebro y tu mente; envíala por la columna hacia abajo y también permite que irradie por la coronilla alrededor tuyo. Tomate tu tiempo y permite que exista la intención de despertar aun más la sabiduría divina y tu intuición. Permite que la luz azul índigo o azul medianoche te envuelva llevándote la confianza de saber que tienes todos los talentos y capacidades que necesitas para llevar acabo tu misión de vida, sea la que sea, aun cuando no estés claro aun en cuanto a cual es esta. Envía la pregunta junto con la luz a su origen, sin ocuparte más de ella, permitiendo así abrir las puertas de las posibilidades.
- Al devolver la luz azul hacia el campo y el cielo estas en el umbral de la edificación cristalina transparente, la cual ahora toma tonalidades color violeta entremezcladas con luz blanca diamantina. La puerta es dorada, pues está hecha de oro y se abre delante de ti para darte la bienvenida. Al pasar el umbral te sientes rodeado de luz dorada la cual cae sobre tu cabeza y penetrando por la coronilla o séptima chakra, baja por tu columna equilibrando todos los chakras y bañándolos de

luz. Luego es irradiada por todos los poros hacia afuera, penetrando todos tus cuerpos sutiles. Penetras ahora la edificación, y a medida que caminas, la luz dorada es reemplazada por una luz blanca cristalina, la cual viene de arriba, se concentra en un punto central, más o menos a un metro de distancia de tu coronilla, donde se encontrarían los dedos corazón de las dos manos si levantas tus brazos a modo de una bailarina y unieras las dos palmas de las manos. Esta luz blanca intensa proviene de este punto irradiando, rodeándote y penetrándote completamente.

- La luz protectora blanca forma un tubo que te rodea totalmente. Dentro de él, y si así lo deseas, invocas la llama violeta de la transmutación para el perdón de todas tus deudas Karmicas. Te llenas de luz y la envías a todos, incluyéndote a ti mismo y a todas las situaciones que no te estén sirviendo en tu crecimiento. Permite que sus efectos purificadores actúen en ti para volver a tu estado natural de pureza de mente y espíritu. Cuando estés listo permite que la llama violeta se aleje dejando en su lugar luz sanadora. Termina permitiendo que el tubo de luz blanca se vaya dejándote luz en tu interior. Inhala profundamente y exhala. Agradece al Universo y a Dios/Fuente por su protección y ayuda. Abre lentamente los ojos y te estiras. Respira profundo.

No es necesario que este proceso sea exacto. La sola intención le da permiso al universo para trabajar en ti. Como dije antes, no es preciso poder visualizar. Puedes sentir o llamar a los colores uno a uno. Puedes envolver los hombros o las manos en telas de los colores descritos, o encender velas o lamparitas de colores. Vas encendiendo un color a la vez. En lugar de imaginar que estas en un campo, puedes visualizarte en el agua o en las nubes, con las luces de colores. En fin, dale alas a tu imaginación y utiliza tu propio estilo. Puedes hacer el ejercicio con una persona que vaya leyendo el ejercicio en una meditación guiada, y pueden tomar turnos. Se puede hacer este ejercicio acostado y antes de dormir. Muchas personas han reportado que esta meditación les ayuda a dormirse y a tener un sueño más profundo y tranquilo.

MEDITACION PARA ADQUIRIR MAESTRIA MENTAL

Esta técnica es del life coach norteamericano DavidPaul Doyle, autor de varios libros, entre ellos "The Voice of God" o "La voz de Dios"*.

En un estado meditativo con los ojos cerrados y durante cinco minutos, cada sensación, sonido, emoción o pensamiento que se nos presente lo titulamos "pensamiento". Si pensamos en alguien o algo nos decimos mentalmente "pensamiento"; si escuchamos cualquier sonido lo titulamos "pensamiento"; a cada emoción le damos el título de "pensamiento". A la vez evocamos y enviamos un sentimiento de amor, ternura o compasión. Esto lo podemos lograr al recordar a un ser querido, a una mascota o una actividad que nos hace felices . Entonces con cada pensamiento nos decimos: "es un pensamiento" y le extendemos ese sentimiento positivo. A los cinco minutos abrimos los ojos y terminamos.

---

*http://www.thevoiceforlove.com/

MEDITACION PARA LA SANACION Y PAZ DEL MUNDO.

Una vez que estés en un estado mental relajado en meditación te centras en la chakra del corazón. Entras en un estado de amor y visualizas una luz blanca cristalina entrando por tu coronilla y por los pies. Esta luz te invade todo el cuerpo y luego permites que salga por el área del corazón. Te imaginas estar flotando en el espacio, mirando el planeta Tierra, con los brazos extendidas hacia los lados y las palmas de las manos hacia el mundo. Envías la luz blanca hacia el planeta y visualizas como esta lo envuelve; puedes imaginarte que eres parte de una red de seres de luz como tú que están aportando su luminosidad para que esta luz sanadora brille aún más intensamente. Ahora visualizas el haz de luz abriéndose aun más con todos los colores del arco iris y rodeando al orbe en forma de espiral. Puedes simplemente visualizar el proceso, o verbalizarlo en tu mente o en voz alta. Pídeles a los ángeles de la naturaleza o Devas que trabajen contigo y ahora imagínate a la Tierra completamente sana con toda la naturaleza en plenitud, el agua limpia, el sol brillante y los animales y personas felices en ella. Cuando estés listo, visualiza de nuevo el orbe rodeado de luz arcoíris, luego blanca, la cual dejas allí. Inhala profundamente y regresa a tu presente. Cuando estés listo, abre los ojos. Te puedes ayudar en este ejercicio escuchando música suave, por ejemplo de Chopin, o un CD de música para meditación que contenga sonidos de la naturaleza.

A mí me gusta invitar a uno o los cuatro arcángeles de las direcciones cardinales para que me acompañen en esta meditación, o a la Madre María quien tanto ama al mundo y a sus habitantes. Los Arcángeles son:

Uriel en el Norte, Miguel en el Sur, Gabriel en el oeste y Rafael en el este. Estarían en entonces Uriel al frente, Miguel atrás, Gabriel a la izquierda y Rafael a la derecha de uno, o colocados en los puntos cardinales de la Tierra durante la meditación. No es necesario recordar todo esto en detalle. Con solo invocar su presencia, y con la intención amorosa de ayudar al mundo basta.

MEDITACION CON LA LLAMA VIOLETA DE LA TRANSMUTACION.

La Llama Violeta es un legado del Maestro Ascendido Sainy Germain, miembro de la Hermandad Blanca de la Tierra. El es el maestro encargado de ayudar a la humanidad a prepararse para la Era Acuariana y en su camino a la ascensión. Está acompañado por la Dama Porcia, la patrona de La Libertad. Por medio de la llama violeta podemos limpiar y transmutar el karma a través del perdón, y ganar la Gracia Divina.

La siguiente es una meditación y oración transmitida por la Hermandad Blanca para la difusión, y traducida por mí del inglés.

Invocación de la Llama Violeta

Esta meditación alquímica de la llama violeta transmutara el karma, las acciones, emociones y los pensamientos negativos. Los transforma de negativos a positivos. – Como el Plomo en Oro.

Aumentará tu vibración lo cual es necesario para prepararse para la Ascensión.

Esta invocación es una sugerencia y guía. Utiliza palabras nacidas del corazón y pronúncialas con mucho sentimiento e intención.

1. Trae la Llama Violeta hacia el interior de cuerpo.

Pídele a tu Yo Superior o Espíritu Santo, un Maestro, Guía o Ángel que te ayude, o simplemente pídele a la Llama que se manifieste. Haz lo que resuene mas en tu corazón y te haga sentir más cómodo. Visualiza una llama color violeta arriba de tu cabeza (no importa realmente si no logras verla). También puedes "sentirla" alrededor tuyo o ayudarte envolviéndote o colocando frente a ti una tela de ese color. Permite que esta fuego penetre tu cuerpo y llene cada célula, partícula y espacio de tu ser.

2. Haz que la llama te llene por dentro y te rodee en forma de espiral. Mantén la Llama dentro de tu cuerpo mientras le pides que también salga por tu chakra del corazón y también te envuelva para que incluya tus cuerpos emocionales, mentales y espirituales

3. Pide a la Llama Violeta que transmute todo lo que tú desees que sea cambiado o eliminado de tu vida. Algunos prefieren mencionar cada cosa, como una lista de compras- todo karma, sentimientos negativos como ira, soberbia, pobreza, frustración, tristeza, enfermedades físicas, etc. Esto está bien. También puedes utilizar una frase más general como: "Transmuta y cambia todo aquello que se esté interponiendo en el camino de mi ascensión, o de mi conversión al Ser Cristico que yo se que YO SOY". Esta es una sugerencia pues es la intención y el sentimiento el que realmente importa. Una frase muy importante que si se debe agregar es: en todas las dimensiones, en todos los niveles, a través del tiempo y el espacio, pasado, presente y futuro". De esta manera cubres todas tus vidas y seres multidimensionales.

4. **Cambia toda negatividad en Luz Divina y llena tu cuerpo.** Se crean agujeros en tu aura o campo electromagnético cuando la Llama Violeta ha consumido esas energías densas y bloqueos. Por eso es muy importante llenar esos espacios con energía de luz blanca cristal. Algunos gustan de hacer la lista de atributos que quieren mejorar o adquirir, como por ejemplo: "Transmuta (mi temor a..., mi tendencia a..., etc.) en: amor, prosperidad, abundancia, paz y felicidad, etc. También puedes pedir por conocimientos específicos, mejorar la intuición y comprender las señales que te llegan para guiarte.

Puedes también pedir por colores de luz específicos, los cuales son energía pura: Rosado es Amor Incondicional, Azul es paz y tranquilidad, Verde es salud y abundancia. Azul medianoche o índigo es sabiduría espiritual o intuición, Violeta es avance espiritual. Amarillo Solar es sabiduría, discernimiento y voluntad divina. La Invocación de la Llama Violeta que aparece abajo cambia todo en la luz dorado de la Conciencia Cristica, la cual incluye todas las virtudes de los demás colores.

El siguiente es un ejemplo del 4to. Paso de la Meditación Alquímica de la Llama Violeta, la cual transmuta tu Karma, pensamientos negativos, actos y emociones. Por favor individualiza la invocación utilizando tus propias palabras nacidas de tu corazón y pronúncialas en voz alta o interiormente con gran sentimiento e intención. Es mejor pronunciarla en voz alta porque el poder y la vibración de la palabra pronunciada tienen una mayor cantidad energía, la cual ayuda a maximizar los

resultados.
Céntrate en ti mismo, respira profundamente varias veces para prepararte y luego pronuncia las siguientes palabras:

Poderosa Presencia YO SOY. Amado Dios, Mi Fuente Celestial: Por favor haz que se manifieste en mí ahora la Llama Violeta de la Transmutación. Haz que la Llama Violeta llene cada célula, molécula y átomo de cuerpo, llenándome total y completamente.

Bendita Llama Violeta de la Transmutación: abraza mi Corazón y expándete hacia afuera y rodea todos mis cuerpos, físico, emocional, mental y espiritual, rodeando mi Ser entero con tu Gracia Divina, Amor, Misericordia y Perdón.

Transmuta todo karma, pensamientos negativos, actos, hechos y energías que haya yo creado en cualquier tiempo, en todas las dimensiones, a todos los niveles, en todos mis cuerpos, a través de todo el tiempo y el espacio, pasado, presente y futuro, y por toda la eternidad. Transmuta cada cosa y todo lo que esté bloqueando mi camino para convertirme en el Cristo ascendido que YO SOY.

Amada Llama Violeta: convierte todo lo que ha sido transmutado en la Luz Dorada de Dios, la Conciencia Cristica, La Luz de Dios que nunca falla.

Envíame esta Luz Dorada ahora, llenándome y

rodeando my cuerpo completamente con su Irradiación Divina, aumentando mi vibración y frecuencia al nivel más alto posible para mí en este momento.

Que así sea. Gracias Dios mío. Amén.

Se sugiere que haga esta meditación a primera hora de la mañana y por la noche, cuando se sienta deprimido o angustiado, o cuando quiera despejar bloqueos y patrones de pensamiento o de conducta.

PARA LA SANACION FISICA PROPIA Y PARA SERES QUERIDOS.

En estado de meditación se visualiza la luz verde esmeralda llenando el cuerpo por la coronilla y los pies, viajando por la columna vertebral y proyectándose por el corazón, envolviendo el cuerpo y concentrándose en el área u órgano del cuerpo que se desea sanar o la condición o enfermedad. Se declara que esta sanación está siendo enviada para el beneficio del alma de la persona en cuestión. Se puede hacer en grupo para enviársela de igualmente a la persona o personas por quienes se está pidiendo y se puede invocar la presencia del Arcángel Rafael y la Madre María para ayudar en el proceso. Se puede enviar esta misma luz para sanar situaciones difíciles, relaciones y asuntos relacionados con las finanzas. Como vimos anteriormente se puede también practicar esta técnica para la sanación del medio ambiente, situaciones políticas y económicas de naciones, etc.

Se visualiza la luz rodeando y penetrando y al cerrar la meditación se corta el cordón energético permitiendo que la luz permanezca en la persona o situación. Se da gracias a los Seres de Luz que hayan estado presentes y a Dios/Fuente/Universo y se cierra la sesión volviendo al salón y abriendo los ojos.

PARA LA COMUNICACIÓN CON EL YO SUPERIOR.

Ten a la mano un cuaderno para hacer anotaciones. Esta meditación puede ser muy potente y por eso se debe hacer con la protección de los Seres de Luz, tu Maestro más cercano y/o San Miguel Arcángel. Invoca la Protección y rodéate de ella como con un escudo de luz, o simplemente pídela en voz alta para que te proteja de influencias externas o internas que no vengan de la Luz. Hay que entender que la mente en estado meditativo está abierta a influencias de energías astrales que pueden ser entidades o formas-pensamiento. La protección evita que estas ejerzan influencia sobre la mente y las emociones, y ayuda para que haya buen discernimiento.

Una vez se esté con la mente relajada en estado meditativo imaginar que hay un tubo de luz que va desde la coronilla hasta la cámara interna del corazón. Se visualiza el viaje por este tubo como por un túnel y se entra en esta cámara. Es aquí donde te conectas con tu Presencia Yo Soy o tu Yo Superior. Una vez allí observar y hacer nota mental del contorno, permanecer en silencio con respiración relajada y hacer la pregunta. Se puede simplemente esperar a que lleguen mensajes aun cuando no se formule ninguna pregunta. Con frecuencia los mensajes dan respuesta a asuntos que se habían olvidado y que resultan ser diferentes y más importantes en conexión con la pregunta que se tenía inicialmente. Sin dejar el estado de relajación y conexión, y cuando estés listo abre los ojos y escribe lo que llegue a la cabeza y al corazón sin analizarlo ni dudarlo. Cerrar la sesión dando gracias por las respuestas. Levantarse, estirarse, beber agua y caminar un poco para enraizarse de nuevo. Una vez se esté listo volver a leer los mensajes anotados.

COMUNICACIÓN CON LOS ANGELES Y SERES DE LUZ.

Se hace la misma preparación de relajación y protección centrándose en el área del corazón. Una vez la mente se encuentre relajada se invoca al ángel de la guarda personal y/o seres de luz. Recordar el pedir discernimiento. Hacer preguntas y escribir las respuestas que lleguen y que se sientan en el corazón sin plantearse ninguna duda ni reflexión, tal cual llegan. Se puede preguntar cuál es el nombre del ángel de la guardia, si es uno o más el encargado de la ayuda y protección personal, preguntas sobre la misión de vida, relaciones, solución de problemas o asuntos, en fin. Puede ser desde lo más superfluo hasta lo más profundo. El corazón es el lugar donde se encuentra la sabiduría del Yo Superior y si la respuesta proviene de allí, se siente una gran certeza. Como en todo, la practica hace al maestro. Vale anotar que no se debe pedir saber qué hay en la mente, intenciones o emociones de otros, pues esto sería atentar contra el libre albedrio y el respeto espiritual. Respuestas de cómo ayudar a alguien, o de qué manera manejar una relación. Tampoco se debe interferir en los procesos de enfermedad o salud de otros directamente, sino a través de los Seres de Luz y solamente según el plan divino. No debe uno tratar de intervenir en circunstancias de otros pues lo que juzgamos malo en un momento dado puede ser parte del crecimiento del otro y del cumplimiento de su misión, a no ser que la otra persona pida intercesión u orientación. Sin embargo para esto hay que tener mucha claridad espiritual. Es mejor limitarse uno a su propio crecimiento y orientación personal. La mejor manera de ayudar a alguien es enseñándole cómo tener acceso a sus propia sabiduría interior. Tampoco se debe preguntar sobre si va a pasar esto o aquello en el futuro, no porque sea malo, sino porque el futuro no existe en nuestro tiempo lineal. Según la ley de la potencialidad, cualquier futuro es posible y éste depende de las acciones que tomemos en el momento. Cuando visualizamos el futuro lo estamos creando por la ley de potencialidad: {Pensamiento (visualización) + emoción (certeza/fe) + desapego (ya está hecho/que sea consumado) = manifestación.) y no al contrario. Se escriben las preguntas y respuestas, o simplemente se canalizan los mensajes. Se da las gracias y se cierra la sesión. No olvidar enraizarse, especialmente si nota uno que está muy distraído y como "flotando".

Cabe anotar que los ángeles siempre están listos a prestarnos servicio amoroso. Nuestra convicción de soledad es tan grande que se nos olvida acudir a ellos. Es lo mismo que desperdiciar un tesoro. Ellos nos guían a través de mensajes y señales y nos asisten para resolver todo tipo de asuntos cotidianos. También les gusta darnos gusto hasta en los deseos más caprichosos, siempre y cuando estos sean puros y del corazón. ¿Quieres ponerlos a prueba? Entra al supermercado sin carrito y con la certeza de que cuando se lo pidas encontraras un carrito disponible en el momento oportuno. ¿Tienes un antojo? Formúlaselo a tus ángeles y desapégate en la seguridad de que se te será concedido, sin preocuparte cómo ni cuándo. ¿Se te hizo tarde para una cita porque todo te "ha salido mal"? Pídeles a los ángeles que te ayuden a llegar a tiempo o para que tu tardanza no tenga consecuencias negativas, y continúa tranquilo en tu trayecto. Para los ángeles es lo mismo ayudarte en lo que para ti son los deseos más insignificantes o en los más importantes. Cuando una petición no es concedida, ten la certeza de que no hubo intervención de su parte simplemente porque haberlo hecho habría interferido con el cumplimiento de un deseo o misión más importante. Por ejemplo, el llegar tarde podría resultar en un despido del trabajo, lo cual era necesario para impulsarte a encontrar una posición mejor o el negocio independiente ejerciendo la actividad que tanto has deseado. Si has pedido con confianza y claridad y te has desapegado del cómo y el cuándo, la petición siempre es concedida de la mejor manera para tu bien, y en el momento perfecto.

Recordemos de nuevo que los deseos y temores son lo mismo para el Universo, es decir pedidos. Al pedir a Dios directamente o a través de sus ayudantes de luz, estamos enfocando la energía y el pensamiento en lo que queremos de manera clara y coherente.

PARA RECORDAR OTRAS VIDAS.

Es difícil descontar el tema de las vidas pasadas por el hecho de que existe tanta evidencia testimonial y estudios de doctores como Brian Weiss y otros terapeutas que han logrado la sanación mental, física y emocional de sus pacientes por medio de regresiones a vidas anteriores, e inclusive progresiones. Son muchas las filosofías y religiones que tienen una convicción sobre la reencarnación. También se sugiere que los llamados recuerdos de "vidas pasadas" son simplemente el acceso a las vivencias de las vidas de otros seres, a lo mejor integrantes de la familia espiritual de uno, y quienes vibran a una frecuencia de corriente de vida similar a la de la persona que esta "reviviendo" estas experiencias de manera empática. Existen los proponentes de que estas memorias son ancestrales y se encuentran a nivel celular del ADN. Todas estas teorías tienen validez y corresponde a cada cual decidir qué creer. Lo importante de todo esto es que cuando hay un recuerdo de otra vida, en mi experiencia personal, y con mis clientes en sesiones de orientación espiritual, estos recuerdos son sanadores en cuanto a que explican y clarifican bloqueos emocionales y traumas, ayudando así a resolver conflictos internos y patrones de conducta negativos. Es un proceso que se debe llevar a cabo con la clara intención de comprender aspectos del ser que necesitan ser resueltos y jamás como un pasatiempo. Cabe recordar que siempre que nos conectamos con energías sutiles nos estamos abriendo también a otras energías que pueden ser dañinas aunque estas se enmascaren y por eso hay que ejercitar estas prácticas con personas experimentadas y de gran integridad.

Si deseas practicar una regresión por tu cuenta, lo primero es seguir los pasos iniciales de cualquier meditación asegurándose de pedir protección angelical, o visualizando una esfera de luz blanca rodeándote completamente; no debe haber ni el menor vestigio de temor. Cuando se esté ya en el estado mental correcto se visualiza en la coronilla una pirámide transparente cristalina la cual contiene en el centro un altar donde uno se acuesta cómodamente. Se cierran los ojos y se pide que se presente ante uno su Maestro o Maestra espiritual. Se estira la mano derecha hacia un lado del altar y se toca una mano cálida y que inspira paz y seguridad. Se abren los ojos para encontrar la presencia del maestro, maestra, ángel o ser querido, mientras que se encuentra uno rodeado de amor incondicional. El maestro te lleva de la mano y se dirige hacia una puerta al final de la pirámide. Imagínate la puerta en todo su detalle. Esta se abre y ves un túnel que te va a llevar hacia la cámara interna de tu corazón. Empiezas a caminar en compañía de tu maestro por el túnel observando los detalles del mismo, el piso, las paredes, si tiene mucha o poca luz, etc. Se trata de un túnel del tiempo y puede ver al final la salida luminosa. Cuando llegas a ella y miras hacia afuera ves solamente neblina. Cierras los ojos, inhalas profundamente y das un paso al frente para salir. Sabes que en todo momento vas a estar protegido por tu maestro y que puedes ser simplemente el observador de toda esta experiencia. Cuentas hacia atrás 5...4...3...2...1 y abres los ojos de la mente (no los reales), mirando hacia el piso. Te miras los pies para ver qué tienes puesto: zapatos, sandalias, estas descalzo, etc. Observa como es el suelo, tu vestimenta, tu entorno, si eres joven o viejo, hombre o mujer, nombres de personas y lugares, y la escena que se está llevando a cabo. Permites que las escenas sucedan delante de ti y luego te remontas hacia el momento de tu muerte, sabiendo que estás a salvo del dolor y del miedo. Flotas por encima del cuerpo que acabas de dejar y te preguntas cuál fue la lección de esa vida. Le envías amor a esa personalidad y a sus circunstancias y acciones. Inhalas profundamente, y cuando estés listo, abres los ojos y escribes todo lo que recuerdes, estando aún en la compañía de tu maestro. Das las gracias por su compañía y te despides. Es posible que en los días y semanas siguientes empieces a recordar más detalles sobre aquella vida y es bueno que lo escribas inmediatamente para completar la historia. La enseñanza es siempre importante y muy ligada con las circunstancias que se están viviendo. Has abierto la puerta para recibir respuestas y las vas a recibir. También vas a necesitar desintoxicar tu organismo de manera que toma mucha agua y evita comidas muy pesadas y la ingestión de mucha cafeína o alcohol por algunos días.

Puedes ser guiado por otra persona en esta meditación, o ayudar a guiar a otro, siempre sellando el espacio primero con el escudo de luz protectora para aumentar las vibraciones y evitar influencias adversas.

PARA LA ADQUISICION Y DESARROLLO DE VIRTUDES DEL ESPIRITU.

En estado meditativo se escoge una virtud o misterio que se quiera contemplar y se mantiene éste en la mente permitiendo que los pensamientos al respecto fluyan. Se permite sentir la emoción correspondiente a la virtud, sea esta la gratitud, fe, confianza, tolerancia, prudencia, paciencia, disciplina, generosidad, perdón a quienes nos han hecho daño, perdón a nosotros mismos, perdón a nuestras circunstancias, etc. A mi modo de ver es mejor concentrarse en las virtudes que queremos desarrollar e incorporar en nuestra vida cotidiana. Después de volver del estado contemplativo en el cual hemos permitido descargar el conocimiento desde el Universo hasta nuestra conciencia escogemos una de las virtudes para practicarla la semana entera, por ejemplo.

También se pueden escoger temas o misterios como el propósito de vida, la salvación del alma, la Santísima Trinidad, el origen de la vida, en fin. Utiliza la meditación igualmente para llevar a cabo una consulta cuando necesites tomar alguna decisión que esté ocupando tu mente.

Los Frutos del Espíritu Santo: Son 12

Caridad: Generosidad y compasión

Gozo: Gratitud viviendo en el ahora

Paz: Vivir en armonía consigo mismo, los demás y las circunstancias

Paciencia: Saber esperar y tener tolerancia con los demás

Mansedumbre: Aceptación, desapego y no-resistencia; fluir como el agua

Bondad: Sentir y actuar de buena voluntad

Benignidad: Hacer y desear el bien a todo y a todos. Servir a la vida

Longanimidad o Perseverancia: Continuar por el camino de la misión divina

Fe: Confianza absoluta pues lo se pide en gratitud Ya Está Consumado

Modestia: No ceder ante la necesidad del Ego de ser más importante que otros

Templanza: Continuar adelante a pesar de los obstáculos y tropiezos

Castidad: No utilizar los placeres sensuales irresponsable ni egoístamente, a través de engaños, ni para manipular o controlar

PARA DESARROLLAR LA INTUICION Y APRENDER A VIVIR EN EL AHORA

Para ello hay muchas técnicas. La que más me gusta para empezar es la apertura de los sentidos:

En una posición cómoda de meditación en un lugar tranquilo, o aun mejor, caminando por la naturaleza se empieza inhalando profundo hasta el estomago, aguantando un poquito y luego exhalando intensamente, unas cinco veces. Se visualiza o imagina uno que este aire inhalado es puro y lleno de luz relajante y sanadora que nos colma. Al exhalar expulsamos todas las tensiones y energía negativa. Continuamos luego con la respiración relajada por la nariz.

1. Concéntrate únicamente en el sentido del olfato. Gira la cabeza y percibe todos los olores en el ambiente. De tu ropa, tu piel, tus manos, flores, frutas, lo que sea que tengas cerca, sin juzgarlos ni analizarlos; simplemente apreciando la maravilla de este sentido. Hazlo por algunos minutos ojala cerrando los ojos para poderte concentrar mejor.
2. Enfócate en el tacto exclusivamente; siente la presión de los pies sobre el suelo, la sensación de las medias en los pies, la presión de la silla sobre el cuerpo y la textura de las telas, la ropa contra la piel; la suavidad de la piel de la cara, la sensación del cabello sobre el rostro; el tacto con las manos de las facciones y piel del rostro; el aire en la cara, etc. Concéntrate también en las sensaciones de tu cuerpo, los latidos del corazón, los movimientos digestivos, etc.
3. Olvidando todo lo demás concéntrate ahora en el sentido del gusto; cierra los ojos y percibe los sabores y sensaciones en la boca, la lengua contra los dientes, la humedad y la sensación al tragar; concéntrate solamente en el sabor.
4. El sentido del oído es maravilloso. Es increíble la cantidad de sonidos que no percibimos normalmente de manera consciente. Concéntrate ahora detenidamente en todos los sonidos que puedas percibir; los que produce tu cuerpo, tu respiración, el aire, la calle, la naturaleza, los vecinos, etc. Permanece un buen rato disfrutando de

este sentido físico tan amplio e importante; gira la cabeza y escucha todo lo que hay alrededor tuyo; de nuevo, en completa calma y sin juicios.

5. El sentido de la vista es probablemente el que más utilizamos y sin embargo también lo desperdiciamos enormemente. Después de respirar profundamente, dedícate solamente a VER, no solamente a mirar. Percibe los detalles de las cosas alrededor tuyo; las formas y colores de objetos, el aspecto de la luz y las sombras sobre los muebles o en la naturaleza; las cosas más grandes y las más pequeñas; los detalles de una flor o de una hoja en el follaje, ranuras en la calle, detalles de construcciones; dedícate a ver conscientemente y en detalle todo lo que te rodea sin pensar, sin analizar, sin interpretar ni dar nombre a lo que estás viendo; simplemente utiliza tu maravilloso sentido de la vista.

6. Ahora te pones las manos sobre el área alta del estómago o plexo solar, con la mano derecha sobre la izquierda. Con los ojos cerrados vas a poner toda tu concentración en esa área y en lo que sientes. Permite que esta área que es la de la voluntad propia, la valentía y los temores se exprese. ¿Qué te transmite? ¿Cómo te sientes? Permite que fluya el sentimiento sin necesidad de interpretación; simplemente estas recordando como sentir; del plexo solar vienen las advertencias de peligro y cuidado; aprende a sentir tu área del plexo solar cuando te "habla". Reconoce tus miedos e inseguridades.

7. Pon las manos ahora sobre el corazón emocional, es decir el área del centro del pecho. Igualmente siente lo que tu corazón te transmite; éste es el centro del amor, la compasión, la ternura y de las corazonadas. El corazón tiene un sistema de inteligencia propio, parecido al cerebro; se puede decir que el corazón piensa y acierta

mucho más que la mente, se los aseguro. Con este ejercicio de intención de sentir tu corazón y su lenguaje aprenderás a reconocer y seguir tu sabiduría interna; aquella que da y recibe la información energética que viene de la conexión que tenemos con todos los demás seres humanos, la madre tierra con todo lo que ésta entraña, y el Padre Celestial.

Cada ejercicio se puede hacer por 2 o 3 minutos. Incorpóralos gradualmente a tu vida cotidiana oliendo realmente los aromas que te rodean, saboreando lo que comes, estando presente en las experiencias táctiles, verdaderamente escuchando al mundo y a los demás y "viendo" en lugar de solamente "mirar".

Llegará el momento en que se puede escuchar claramente lo que dice la intuición y entender su lenguaje que para cada persona es particular. También podrás percibir y tener en cuenta los mensajes que recibes de quienes te rodean, de tus ángeles y maestros, y de aquellas personas y situaciones que se presentan. Con la maestría de esta técnica obtendrás muchos beneficios en tu camino a la vida ideal, incluyendo la capacidad de disfrutar al máximo los momentos, es decir el AHORA en tu vida. Cuando se vive en el ahora se practica automáticamente la meditación activa, se desapega uno de los deseos ya enviados al Universo y se permite que todo fluya para la manifestación, en tanto que se vive cada día en plenamente.

Es importante hablar de enraizarse. Una vez que se incrementa la conexión con el mundo espiritual a través de la meditación y la intención es necesario también ser consciente de que es importante "poner polo a tierra" cuando se siente uno desconectado con las actividades cotidianas, falto de concentración, mala memoria de lo que ha sucedido últimamente, etc.

Se puede enraizar uno parándose descalzo y sintiendo el peso sobre las plantas de los pies, e imaginando que salen raíces de ellos como si fuese uno un árbol. Puede uno caminar sobre la grama o pasto, convertirse en un abrazador de arboles (¡ojo! ya eres oficialmente "raro"!), darse un baño de tina con sales naturales de mar en ella, bailar al son de música bailable, practicar un deporte, trabajar en el jardín, ir de compras, usar aroma terapia como la menta, etc. Debo confesar que yo pertenezco al grupo de abrazadores de árboles. Me gusta mucho esta manera de enraizarme.

De nada sirve convertirse en personas mas espirituales si no estamos lo suficientemente enraizados como para llevar a cabo nuestras actividades cotidianas de manera presente.

PARA FLUIR Y VIVIR EN ACEPTACION.

En estado meditativo imaginarte que eres una hoja que cae de un árbol a un arroyo y se deja llevar en completa tranquilidad por el agua, siempre flotando en seguridad. Imagínate tu viaje por entre piedras, remolinos, cascadas y pasando obstáculos, siempre fluyendo como lo hace el agua, por el lugar más fácil, flotando e inmune a todo peligro, hasta llegar al océano donde te encuentras con muchas hojas más. En tu mente te conviertes de nuevo en una persona, y emerges del agua completamente limpia de toda negatividad y resistencia, sabiendo que al fluir permites que se cumpla todo lo bueno en tu vida. Recuerda este sentimiento durante el día cuando parezca que hay obstáculos y dificultades.

Explora las variedades de meditación que te llamen la atención y aprende a disfrutar, ante todo, del silencio.

Segunda Semana:

Continúa practicando la oración eficaz en gratitud e incorpora 5 o 10 minutos de meditación pasiva 1 a 2 veces al día. Puedes reemplazar una de las meditaciones por una meditación activa o una variación de meditaciones pasivas de las mencionadas u otras que aprendas de otras fuentes. Puedes tratar de tomarte unos minutos en mitad del día para efectuar una meditación, por ejemplo, a la hora del almuerzo.

CAPITULO III

Centros de energía o chakras

Actualmente casi todos hemos escuchado el término "chakra" en alguna ocasión. Es una palabra de origen sánscrito que significa literalmente rueda y se refiere a los centros energéticos que se encuentran en el cuerpo humano. Las chakras son muchas, 144 en total, pero nos ocuparemos de las principales que son siete y que se encuentran a lo largo del centro del cuerpo en la cabeza y la columna vertebral. Las chakras son simplemente, remolinos de energía que permiten el intercambio energético entre el cuerpo físico y otros campos electromagnéticos, con el fin de recibir y enviar información. Los chakras vistos lateralmente tienen forma de cono o embudo, con la punta del mismo en el centro del cuerpo donde se encuentra la columna vertebral, lugar donde se encuentra con la punta del vértice o cono posterior. El chakra raíz o inferior es un cono apuntando hacia arriba y el séptimos chakra o el de la corona tiene su punta hacia abajo. Las chakras giran en forma de remolino algunas veces en dirección de las manecillas del reloj cuando en un estado receptivo, y giran en el sentido opuesto cuando están emitiendo energía. Los centros energéticos pueden estar demasiado abiertos o hiperactivos, o de lo contrario cerrados o bloqueados. Lo ideal es que estén equilibrados intercambiando la información adecuada entre el interior y exterior del cuerpo, mientras que permiten a la vez que fluya la energía verticalmente entre sí, la tierra y las dimensiones más sutiles.

Cada chakra tiene conexiones muy íntimas con las glándulas del cuerpo, las cuales se encargan de los procesos metabólicos del mismo. Las conexiones de las chakras también influyen en los cuerpos emocional y mental, los cuales están íntimamente ligados con todos los procesos orgánicos. Es decir que el estado mental y emocional de la persona influye enormemente en su salud y condición física. Cuando los centros energéticos están equilibrados existe armonía en los procesos metabólicos y curativos del cuerpo físico.

El tema de las chakras es muy interesante y extenso y hay muchísimos libros y materiales informativos.

En el capítulo de meditaciones hay un ejercicio para el equilibrio de las chakras y en este capítulo habrá otras sugerencias para equilibrar estos centros energéticos. No es necesario saber mucho sobre las chakras para efectos del crecimiento espiritual pero aprender a armonizarlos es una manera adicional de adquirir y conservar nuestro bienestar.

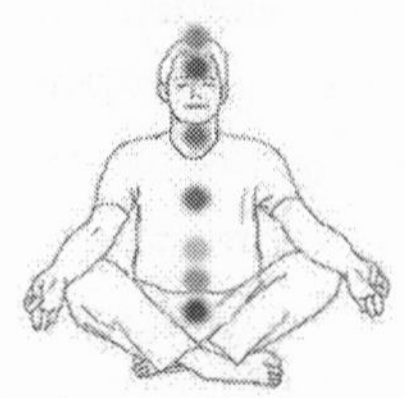

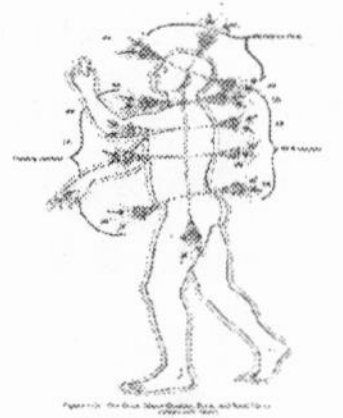

Primera Chakra o Chakra Raíz (Muladhara):

Se encuentra en el perineo, es decir, cerca al punto central del cuerpo donde termina el coxis. Su posición es vertical con el vértice hacia arriba. Esta chakra vibra a la frecuencia de la luz infrarroja, y contiene luz del espectro rojo rubí; su frecuencia es la más lenta con respecto a los demás centros. Se relaciona con el sentido del olfato y ejerce influencia sobre las glándulas suprarrenales. Físicamente su importancia es enorme, pues estas glándulas, ubicadas sobre los riñones, regulan la producción de cortisol y adrenalina, los cuales se necesitan para las reacciones físicas de supervivencia. El exceso de cortisol, producto de tensión nerviosa prolongada, causa aumento de peso en el área central y frontal del cuerpo, aumento de la tensión arterial, aumento de los niveles de colesterol y fatiga suprarrenal. Esta última suele tener como consecuencia problemas como: depresión, fatiga crónica, insomnio y desórdenes del sistema inmunológico que incluyen alergias, infecciones virales o bacterianas, y cáncer, entre otros.

Emocionalmente la chakra raíz está relacionada con nuestras convicciones y sentimientos en cuanto a la provisión de las necesidades básicas para la supervivencia, la seguridad, nuestra conexión con la tierra y la naturaleza, y nuestra actitud con el dinero y las finanzas. La chakra raíz equilibrada pertenece a la persona que siente seguridad en el mundo y que vive en abundancia, siendo generosa consigo misma y con otros sin crear desperdicios ni despilfarrar su dinero. Esta persona disfruta de la naturaleza y sus criaturas a la vez que la respeta y cuida. Al no preocuparse de que sus necesidades básicas sean satisfechas va por la vida con confianza y sin temores sobre su supervivencia y goza de tranquilidad y la capacidad de reaccionar en situaciones inesperadas con calma y acierto. Cuida su cuerpo en todos los aspectos sin obsesionarse con su apariencia, goza de vitalidad y reconoce cuando necesita descansar.

La chakra raíz se puede desequilibrar cuando hay problemas financieros, mudanzas, viajes, enfermedad o cualquier otra circunstancia que atente contra el sentido de seguridad. Su desequilibro se manifiesta con preocupación de escasez, inseguridad sobre el lugar e importancia de uno en el mundo, avaricia y ambición exagerada, egoísmo, despilfarro, descuido personal o preocupación exagerada en cuanto a la apariencia, peligros de ser atacado, aumento de peso, falta de vitalidad, ansiedad exagerada sobre la salud y seguridad económica en el futuro, desconexión con el mundo y la naturaleza, necesidad de control, actitudes irresponsables con el cuerpo como la práctica de fumar, beber o comer en exceso, desórdenes de la alimentación y la ingestión de drogas recreacionales o para manejar temores y traumas. La mejor manera de equilibrar la chakra raíz consiste en hacer ejercicio, practicar la jardinería, el taichí, el yoga, el baile y pasar tiempo en la naturaleza.

Segunda Chakra o Chakra Sacra (Svadhisthana):

Se encuentra en el área sacra o baja de la espalda y por delante sobre la vejiga en la distancia media entre el ombligo y el huesito púbico. Si se viera de lado estaría formada por dos conos unidos en sus puntas en el centro del cuerpo. Es fácil ver como esta chakra se relaciona con las glándulas sexuales y la matriz. La frecuencia de luz que vibra con ella es la de color naranja. Este centro está íntimamente relacionado con el sentido del gusto.

Físicamente se relaciona con todos los procesos orgánicos de las gónadas donde se producen las hormonas estrógeno, testosterona y progesterona principalmente. Tiene que ver lógicamente con la capacidad de reproducción y además con otros muchos procesos orgánicos que contribuyen a la vitalidad y salud. Contrario a lo que se piensa, los órganos sexuales funcionan toda vida, aun cuando sean compensadas en su funcionamiento parcialmente, por las glándulas suprarrenales durante los años mayores.

La conexión emocional de esta chakra tiene que ver con la creatividad, tanto desde el punto de vista de la procreación, como del punto de vista de las artes, resolución creativa de problemas, creatividad en el trabajo y la creación de negocios, invenciones, etc. Esta chakra es muy importante en cuanto a las relaciones interpersonales, las emociones, sensualidad, sexualidad y el disfrutar de los placeres físicos. Cuando la chakra sacra está desequilibrada hay manifestaciones de problemas de fertilidad, desequilibrios hormonales que causan a su vez problemas femeninos de toda índole, problemas de la próstata y función sexual en los hombres, falta de capacidad de disfrutar de las relaciones sexuales, o adicción al sexo, etc. Incide además en las relaciones sociales adecuadas y equilibradas.

La chakra dos cuando está equilibrada caracteriza a la persona que se deja llevar y aplica su creatividad en todos los aspectos de su vida. Esta persona tiene una relación armónica con los demás y disfruta de su compañía pero también sabe estar sola. Tiene un buen equilibrio entre el dar y recibir, y se interesa sinceramente por los demás pero ejerciendo prudencia. Disculpa fácilmente las faltas de otros y las propias, exhibe compasión sana sin apropiarse de dolores o responsabilidades ajenas, y ante todo se respeta a sí misma y a las demás personas. Su sistema de convicciones y actitud es humanista, es decir que valora a todos los seres humanos por su valor intrínseco y no siente necesidad de competir por atención o sentido de importancia pues sabe que su lugar dentro del esquema humano es valioso y especial. No siente la necesitada de criticar ni juzgar, y se siente incluido, y lo es, sin necesidad de comprometer sus valores.

Se equilibra la segunda chakra utilizando la creatividad en las actividades cotidianas, dando rienda suelta a actividades artísticas de cualquier tipo, gozando de una buena comida, disfrutando de compañías agradables y amistosas, gozando de la intimidad y de la sexualidad sana, bailando sensualmente, escuchando música, recibiendo un masaje, y teniendo una actitud de disfrutar de la vida.

Tercera Chakra o Plexo Solar (Manipura):

Se encuentra en el área del estómago a mitad de la distancia entre el final del esternón en el centro del pecho, y el ombligo. Este centro energético tiene la frecuencia vibracional del espectro de luz amarilla y se relaciona con el páncreas, la vesícula, el hígado y todo el sistema digestivo. Este centro energético se encuentra conectado con el sentido de la vista. La chakra solar es el lugar del fuego y pasión por la vida.

El plexo solar es la residencia de la voluntad personal y la libertad de decidir. Aquí radica el poder personal. Por eso es que en las artes marciales se potencializa la energía aplicada en la acción con un grito que se inicia en la chakra raíz y se potencializa en el plexo solar. Este es también el centro del equilibrio físico. La persona cuya chakra solar está equilibrada ejerce su poder personal y su fuerza de voluntad en alineación con el bienestar de otros. No se impone ni permite imposiciones injustas y que comprometan su libertad. Tiene el valor de enfrentar situaciones difíciles pudiendo vencer el miedo y actuando de manera asertiva y decidida, producto de la reflexión. Es capaz de obedecer su intuición cuando ésta lo previene del peligro en una situación determinada. Es en el plexo solar donde la chakra numero tres nos da un aviso de desconfianza hacia personas que no estén siendo integras en su comunicación o actitud. El plexo solar nos avisa de peligros personales y de nuestros seres queridos para poder ser proactivos o para evitar situaciones que nos pueden causar daño. El plexo solar tiene que ver con la relación de cada persona consigo misma y la realización personal. Esta persona es autentica y se muestra tal y como es sin jamás imponerse sobre los demás. No tiene interés en controlar a otros ni en permitir que otros la controlen. Sabe reconocer las situaciones que puede controlar y las que no, y por lo tanto utiliza su poder personal para ejercer la actividad o actividades que son coherentes con su ser interior sin comprometer su integridad personal en aras de la opinión o expectativas de otros. Esta persona está alineada con la voluntad divina de su interior y por lo tanto sus decisiones son tomadas sabiamente y teniendo en cuenta la mejor forma de actuar sin hacer daño.

La chakra solar desequilibrada se manifiesta con problemas de cálculos biliares, estreñimiento o diarrea, flatulencia, indigestión, reflujo, diabetes, y otros problemas digestivos y de asimilación de nutrientes. Emocionalmente hablando, cuando el plexo solar está desequilibrado existen problemas de perfeccionismo, enfoque exagerado en adquirir posesiones materiales para obtener poder sobre otros, o en el otro extremo, se exhiben actos de cobardía o pasividad extrema.

Se puede ayudar a equilibrar este centro riendo carcajadas desde el estómago, haciendo estiramientos de la parte baja de la espalda, practicando ejercicios de yoga u otros que ayuden al fortalecimiento de los músculos del abdomen, practicando ejercicios respiratorios del fuego (inhalando y exhalando hasta el estómago), y disfrutando de baños relajantes.

Cuarta Chakra o Centro Corazón (Anahata):

Se encuentra en el centro físico en el área del corazón. Combina las frecuencias de luz verde esmeralda y rosada. La glándula que la ocupa es el timo, la cual se encarga de producir las células T las cuales son predecesoras de células que actúan, fortalecen y equilibran el sistema inmunológico. Esta glándula aparentemente se desvanece después del crecimiento pero se ha comprobado que, aunque disminuida en tamaño, continua activa toda la vida. El órgano más importante que se relaciona con la cuarta chakra es el corazón. El centro corazón se relaciona con el sentido del tacto. Este es el centro donde confluyen las necesidades básicas de la supervivencia con los deseos altruistas y espirituales. Una chakra corazón desequilibrada se caracteriza por problemas del sistema inmunológico, especialmente enfermedades auto-inmunes como la artritis, enfermedades reumatoides, lupus, SIDA, soriasis, colitis ulcerativa, etc., y enfermedades cardiovasculares. La persona que tiene una chakra corazón desequilibrada o bloqueada puede tener una actitud de mártir en las relaciones, esconde sus emociones y le teme al rechazo. El otro extremo son los celos exagerados y conducta controladora y manipulativa.

La persona cuya chakra del corazón es equilibrada tiene un amor propio sano, es decir que reconoce y desarrolla sus talentos, se permite ser feliz y tiene la convicción de merecer todo lo bueno en la vida. Les da crédito a los demás por sus talentos y los celebra. Se disculpa con otros cuando los ha herido, sea o no intencional la ofensa. Entrega y recibe amor sin temor, se perdona a sí mismo y perdona a otros y a las circunstancias con facilidad. Evita juzgarse duramente y no juzga a las demás personas. Sabe o intuye que el amor no es solamente un sentimiento, sino que es además una fuerza energética que cuando se utiliza permite la materialización de todo lo que desea y entonces se permite soñar despierto. El amor aumenta las vibraciones del cuerpo físico fortaleciendo así al sistema inmunológico permitiendo que la persona goce de buena salud. Su ser irradia una energía que atrae a los demás. Tiene éxito en sus actividades pues las realiza con amor y por el placer de llevarlas a cabo. Se maravilla ante la belleza de la creación y ve la belleza en todos y en todo. Vive en un estado de confianza y fe. En el centro corazón convergen las chakras inferiores que se relacionan con los aspectos físicos del ser humano y las chakras superiores que se relacionan con sus características sutiles y espirituales. En el centro corazón, o cuarto chakra, se unen el amor humano a su ser físico y a sus seres queridos, y el amor universal que es el amor incondicional por la humanidad como tal, y la Creación. El amor que persigue el gozo y la felicidad personal y de los seres queridos se une a aquel que ama la vida por sí misma y a la Fuente creadora, y que por lo tanto quiere servir a la vida desinteresadamente, ya sea creando un impacto positivo en la vida de otras personas, las causas humanitarias, o la naturaleza.

La luz verde esmeralda tiene una frecuencia sanadora de los cuerpos inferiores (físico, etéreo, emocional y mental) y la frecuencia color rosada permite que haya un puente entre la sanación de los cuerpos inferiores y la integración con la conciencia espiritual. El amor es la energía sanadora del alma así como es también el origen y medio de todo lo creado. En este centro se encuentra la cámara interior, silla de la presencia YO SOY, donde la gracia del perdón se manifiesta para la sanación de las deudas kármicas personales y del mundo.

El centro corazón tiene sabiduría propia. Cabe recordar que el corazón es el único órgano del cuerpo que no sufre de cáncer y que funciona constantemente, segundo a segundo, sin descanso. En esta chakra se encuentra un centro muy importante para el saber intuitivo y un guía fiel para nuestras decisiones y percepciones. La persona que tiene un cuarto chakra equilibrado vive a través del corazón y actúa de acuerdo a sus dictados, sabiendo discernir perfectamente entre los mensajes del corazón o corazonadas y los engaños del ego.

¿Cuándo sabes que tu chakra corazón está en su proceso de equilibrio? Empiezas a apreciar la belleza y la maravilla en la creación, en los seres humanos, en ti mismo y hasta en las situaciones difíciles de la vida.

El secreto para poder concientizarse y acelerar este proceso es viviendo todos los días en una actitud de gratitud. Empieza el día enumerando todas tus bendiciones antes de levantarte, y ante todo permítete el amar y el ser amado.

Quinta Chakra o Centro Garganta (Vishuddha):

Se localiza exactamente en el hueco donde termina el cuello y empieza el esternón. La frecuencia de luz es azul cielo o turquesa y está conectada con el sentido de la audición. La glándula relacionada con esta chakra es la tiroides. La tiroides completa muchísimas funciones metabólicas entre las cuales está la de regular el nivel de vitalidad. Una tiroides lenta disminuye el metabolismo provocando depresión, sueño, falta de concentración, aumento de peso inexplicable, caída del cabello, resequedad en la piel, uñas secas y quebradizas, etc. Además tiene consecuencias de infertilidad. Cabe anotar que el flúor o fluoruro afecta la tiroides negativamente y desafortunadamente es un químico que se ha agregado al agua potable en muchos países. ¡Ahora se le está agregando al agua embotellada para bebés! Una tiroides demasiado activa causa ansiedad y actividad acelerada excesiva, ojos saltones y consecuencias de salud como fatiga de las glándulas suprarrenales, etc.

La quinta chakra se relaciona con la capacidad de expresarse honesta y asertivamente, y la de escuchar activamente.

La chakra de la garganta equilibrada se manifiesta en una capacidad de expresión perfecta. La persona sabe cuál es su verdad personal y la comunica y expresa amorosa y asertivamente en todas sus palabras y actos. Esta persona es elocuente y sabe escuchar a los demás. Utiliza su talento en la comunicación con integridad y no como una manera simplemente para influenciar, dominar o atraer atención, y nunca para causar daño. Esta persona es discreta en sus actos y comentarios. Comprende la importancia que tiene la música en el equilibrio físico y espiritual y por lo tanto disfruta de estilos musicales que aumenta las vibraciones del ser; expresa su verdad de amor en servicio y enseñanza cantando, hablando, escribiendo, tocando un instrumento, pintando, llevando a cabo obras manuales, etc. Reconoce y es consciente de su dialogo interior y del poder de la palabra expresada, por consiguiente es cuidadosa en la manera como formula sus expresiones.

Se sabe que la quinta chakra se encuentra desequilibrada cuando se habla excesivamente o demasiado rápido y se experimenta dificultad para concentrarse en lo que otras personas están diciendo. El otro extremo consiste en tener dificultad expresando los pensamientos y necesidades o deseos. Sabrás que tu chakra está bloqueada cuando sientes un nudo en la garganta y no puedes expresar tu verdad por temor.

Actividades como escuchar música, cantar, mantener una dieta balanceada y un estilo de vida sano, tomar agua en abundancia y hacer ejercicios de estiramiento del cuello a través del yoga, ayudaran a equilibrar tu chakra garganta.

Sexta Chakra o Tercer Ojo (Ajna):

Se localiza en medio de las cejas en una pequeña ranura del hueso frontal. La frecuencia de luz relacionada con el tercer ojo es la del azul índigo. Este centro energético está íntimamente relacionado con la intuición o "sexto sentido".

El tercer ojo está conectado con la glándula pituitaria la cual se encuentra en la base del cráneo, y la glándula pineal localizada en el centro físico del cerebro.

Las hormonas secretadas por la glándula pituitaria son precursoras de otras hormonas necesarias en los procesos de crecimiento y sanación, la presión arterial, el funcionamiento de los órganos sexuales, el embarazo y parto, la producción de leche materna, el funcionamiento de la glándula tiroides, los procesos de conversión de los alimentos en energía, la regulación del nivel de agua en el cuerpo, la regulación de la temperatura, y la producción de endorfinas para el alivio del dolor y la regulación de los estados de ánimo.

La glándula pineal es también llamada el "tercer ojo", pues se encuentra en animales vertebrados como precursora evolutiva de los dos ojos. Se observa especialmente activa en animales cuya piel cambia de color para mimetizarse. En el ser humano se pensaba que no tenia funciones después del crecimiento pues la mayoría de los adultos la tiene calcificada, pero es la encargada de producir la melatonina. La producción de melatonina está íntimamente ligada con las retinas de los ojos y es necesaria para regular las horas del sueño y la vigilia. Hay una relación muy importante entre la producción de melatonina y el inicio de la pubertad. Después del desarrollo sexual la producción de melatonina se va reduciendo en el adulto hasta llegar a su mínima cantidad en los años de la vejez. Los diferentes estados mentales de reposo o actividad, es decir los estados alfa, beta, theta y delta dependen de los procesos y actividad de la glándula pineal, o "silla de la conciencia superior del alma".

El cerebro es el órgano físico de los procesos mentales y es entonces lógica la conexión entre los pensamientos y las glándulas pituitaria y pineal. Los pensamientos y estados de ánimo afectan directamente la función de las glándulas pituitaria y pineal, y por lo tanto todas las actividades metabólicas del cuerpo. La conexión entre los cuerpos mental y emocional y las glándulas del cerebro es tan íntima y veloz que con frecuencia no se sabe que sucedió primero: el pensamiento-emoción, o la emoción-pensamiento. El pensamiento crea procesos metabólicos instantáneos, a los que el cuerpo reacciona con sensaciones físicas; la mente recibe estas sensaciones físicas y las interpreta como "emociones" y les da un significado. Igualmente ciertas sensaciones físicas crean impulsos que la mente interpreta y clasifica como "agradables" y "deseables" o "desagradables e "indeseables".

No todo lo que existe se puede ver con los dos ojos. La chakra Ajna es un centro de percepción de energías que raramente se pueden ver con los ojos físicos. Allí se encuentran los aspectos creativos e intuitivos de la vida: la imaginación, la visualización, la fantasía y la capacidad de encontrar sentido en las creaciones artísticas.

En los niños la glándula pineal está muy activa y su producción de niveles altos de melatonina contribuye al crecimiento y también a estado de conciencia infantil, en el cual la mente no diferencia entre la realidad y la fantasía. La conexión del niño con la Fuente espiritual es muy fuerte aún, pues el portal del centro pineal se encuentra todavía abierto. A mí encantan las respuestas que dan los niños antes de los cinco años de edad, cuando se les pregunta dónde estaban antes de venir a vivir con mami y papi, por ejemplo.

A medida que crece la persona se disminuye la actividad de dicha glándula y se cimienta la mente dentro de la realidad que perciben los sentidos físicos. El inicio de la pubertad se caracteriza por una disminución de la producción de melatonina, lo cual se manifiesta en desórdenes en el sueño, signos de desarrollo sexual y los desequilibrios emocionales típicos de la adolescencia.

Finalmente, la glándula pineal se cristaliza o calcifica en la mayoría de los adultos.

Mediante la reactivación de la glándula pineal o tercer ojo se logra la re conexión con el portal de energía divina y se puede llegar a adquirir más claridad y descernimiento para lograr maestría del pensamiento-emoción y poder desarrollar los aspectos más altruistas del ser, y separarlos de los aspectos que son sujetos del ego. Existen muchísimos métodos para ayudar a reactivar la glándula pineal para volver a alinear la mente consciente con las vibraciones más sutiles del ser, es decir los cuerpos etéricos, emocional, mental superior, crístico y causal. A través de esta puerta y la conexión entre los diferentes estados mentales vibratorios se experimentan estados de ampliación de la conciencia, aumento de la intuición y se alcanzan estados de paz y calma que alinean el alma y las conexiones divinas con los centros energéticos del cuerpo creando así bienestar físico, emocional y mental. La glándula pineal se activa con la práctica de la meditación y ejercicios de respiración.

Una persona que tiene el tercer ojo equilibrado fluye con las leyes universales y su plan de vida, y discierne fácilmente cuales son los pensamientos-forma creados por su Yo Superior y los de su ego. Es capaz de tener la mente totalmente en calma y en unión energética con todo y todos; vive en el ahora; actúa desde el corazón; no tiene temores ni expectativas en cuanto a cómo o cuándo se desenvolverán los hechos en su vida, y practica la aceptación de acontecimientos y personas. Recibe energía y sabiduría del flujo universal de Luz-Amor y por ende puede dar amor desinteresado e ilimitado. Con frecuencia exhibe talentos y conocimientos sin haber tenido entrenamiento previo.

El centro del tercer ojo desequilibrado se manifiesta con dolores de cabeza, pesadillas, desórdenes del sueño, falta de concentración, mala memoria, problemas con la vista, y dificultad para visualizar.

La meditación, el yoga, el dormir y los ejercicios de visualizar lugares bellos o deseos hechos realidad, es decir, soñar despierto, ayudan a equilibrar la sexta chakra. Practicar la maestría de cambiar los pensamientos negativos en positivos de una manera habitual, y ponerse en contacto con el niño interior disfrutando de diversiones y programas infantiles contribuyen a la activación y equilibrio de este centro. Recordemos que el secreto de la materialización de nuestros deseos y vida ideal se inicia con la capacidad de imaginar y "vivir" en la mente el momento o momentos deseados.

Séptima Chakra o Centro Corona (Sahasrara):

El centro energético de la corona se encuentra en la parte más alta de la cabeza y se abre hacia arriba. Une la chakra raíz a través de la columna con todas las otras chakras en un flujo vertical de energía. Su luz es color violeta y blanco cristalino. Esta chakra representa una síntesis de todos los demás centros energéticos y provee un portal de sabiduría infinita, iluminación espiritual y la llegada a un estado permanente de gozo. Este es el punto de mayor vibración para la comunicación con Dios. A través de este vértice se recibe al Espíritu Santo o mensajero celestial. Este es el portal de comunicación del ser individualizado que es cada persona con la Fuente Divina, a través de las jerarquías energéticas. Cuando los cuerpos del ser llegan a vibrar a la frecuencia de este portal permanentemente, se estará vibrando al unísono con el cuerpo crístico y se alcanzará la iluminación y la ascensión del alma a la siguiente dimensión de existencia, saliendo así de la rueda de la vida y de la muerte. Se llega así al lugar de los Maestros Ascendidos desde donde se presta el servicio de amor a la humanidad en el siguiente peldaño de la evolución humana.

Cuando el centro energético de la corona está equilibrado la persona goza de un gran carisma, es un maestro espiritual, un gran pensador, un artista y un visionario.

Un centro de corona desequilibrado se manifiesta con delirios de grandeza, un intelecto exagerado con falta de conexión con la intuición, y en casos extremos, psicosis. Signos de deficiencia de energía en esta chakra incluyen dificultad para pensar por sí mismo, apatía y desconexión espiritual. Para equilibrar esta chakra se necesita equilibrar los demás chakras. Además de esto ayuda el practicar la meditación, la oración, el gozo de vivir y el amor incondicional.

Otras técnicas que ayudan en la alineación y balance de las chakras es la utilización del equilibrio energético a través de una persona que practique el Biomagnetismo, Reiki, Shiatsu, Flores de Bach, sanación pánica, imposición de manos, etc. Es muy importante buscar a alguien muy bien recomendado y confiable.

Somos seres maravillosos y multidimensionales. Las chakras son nuestra conexión para el intercambio de información energética hacia dentro y fuera del ser. Cada centro representa el despertar un aspecto de la conciencia en nuestro camino de regreso a Dios. Permitamos que el ser interior se abra al mundo y sus maravillas, a la vez que nos damos permiso experimentar esta dimensión física intensamente, en tanto que aprendemos nuestras lecciones del alma y aportamos todo lo que vinimos a entregar.

Es importante anotar que el equilibrar las chakras ayuda mucho en la sanación física, mental y emocional. Sin embargo no se deben abandonar medicinas antidepresivas o ansiolícas prescritas, ni otro tipo de tratamientos médicos sin consultar primero. Todas las técnicas que describo ayudan a optimizar otros tratamientos, y a necesitarlos en menor cantidad, o por menos tiempo. También es común que se reduzcan o desaparezcan los efectos secundarios. La decisión de dejar tratamientos médicos debe ser tomada, por ti, asesorado por un médico que goce de tu confianza.

Tercera Semana:

1. Continúa con tu practica de la oración eficaz pidiendo en gratitud lo que se necesite y desee
2. Medita 5-10 minutos una o dos veces al día
3. Reflexiona sobre una chakra cada día, empezando por la primera o raíz.
4. Efectúa por lo menos una actividad conscientemente para equilibrar el centro energético del día de manera que lo incorpores con facilidad. Por ejemplo:

Lunes: reflexiona sobre tu relación con el dinero y la Provisión Divina. Proponte a tener confianza en que el Universo/Dios siempre provee para todas las necesidades básicas. Practica la fe. Recuerda también que hay seres de luz como el ángel de la guarda que te protegen de los peligros. Pide su protección para ti y los seres queridos; entrega a la luz los asuntos que se escapan de tu control, y ten calma. Realiza alguna actividad física relacionada con la primera chakra, y una acción consciente para corregir actitudes negativas con respecto a la seguridad y provisión, darte un gusto comprando algo de lo que te habías estado privando por temor a gastar el dinero. Regala algo que valores. Viste una prenda de color rojo para reforzar tu propósito y concéntrate en el sentido del olfato.

Martes: Reflexión y actividades creativas y en cómo infundir creatividad en tus actividades cotidianas. Viste algo color naranja y concéntrate en el sentido del gusto. Dale atención a otras personas y coopera y ayuda a otros en cosas pequeñas como ceder el paso, tener paciencia y dejar pasar a otros en el tráfico, ceder el turno en una fila o pagarle el peaje al conductor de atrás. Sonríe. Da alabanzas sinceras a otras personas. Observa la actitud de las personas hacia ti en respuesta a tu actitud.

Miércoles: Contempla el tema del ejercicio de tu de voluntad, de manera equilibrada en tu vida. Analiza si estás siendo íntegro con la verdad de tu ser y si estás permitiendo que otros te dominen, o si estás dominando a otros. Los cambios personales en este aspecto se llevan tiempo y deben ser graduales. Por ahora se trata simplemente de traer estos aspectos del ser a la superficie y reconocer los temores. Es importante saber que el poder de cambiar lo que deseamos en nosotros mismos y en nuestras vidas está ya en cada uno. Practica todo el día la respiración profunda y consciente, concéntrate en el sentido de la vista y viste algo color amarillo como refuerzo de tu intención del día.

Jueves: A la hora de la meditación imagina que el centro del corazón es una rosa de color rosado intenso en botón, cuyos pétalos se abren lentamente en toda su belleza. Céntrate en el corazón y recuerda el sentimiento Amor. Puedes revivir en tu mente la emoción tierna de abrazar a un bebé o un ser querido, o de acariciar una mascota. Colócate las manos sobre el centro corazón y procura conservar este sentimiento por el resto del día. Ensaya en este día a dejarte llevar por el corazón cuando decidas qué actividades desempeñar y cómo llevarlas a cabo; sigue tus corazonadas. Concéntrate especialmente en el sentido del tacto de manera consciente y si lo deseas puedes vestir de color verde y /o rosado para ayudarte a recordar tu intención del día. Extiende el sentimiento de amor hacia tu contorno.

Viernes: Reflexiona como observador de ti mismo sobre la manera como te comunicas y si el intercambio de palabras que utilizas es generalmente agradable, si expresas agradecimiento y das crédito a otros en voz alta por sus logros, su buen servicio o su ayuda. Observa tu dialogo interior y si éste es, en general, negativo o positivo. Proponte a corregir algún aspecto de la comunicación que desees mejorar. Canta o declama algún poema o rima. Dedícate a decir cosas agradables y honestas. Concéntrate en escuchar todos los sonidos en tu contorno de manera consciente, y maravíllate ante este sentido tan importante y perfecto. Escucha música que te haga sentir bien. Escucha lo que dicen otros con atención completa. Viste algo de color azul cielo o turquesa. Puede ser un buen día para llamar a alguien con quien hayas tenido alguna diferencia, o a algún ser querido a quien hayas descuidado un poco. Dí "te amo".

Sábado: Aprovecha tu tiempo de meditación cotidiana para imaginar que hay un sol descendido del sol real, en el centro de tu cerebro. Visualiza la luz de este sol interior llenando todo el contenido de tu cabeza. Imagina un puente de este punto central hasta la base del cráneo y luego otro puente de allí, atravesando la base de la cabeza hasta los ojos y el punto intermedio entre las cejas. Imagínate que el haz de luz sale por este punto que es el tercer ojo. Luego este haz de luz cambia a un color azul índigo que te rodea y vuelve a penetrar por el punto del tercer ojo hacia dentro de tu cabeza. Si lo deseas, una vez terminada la meditación, puedes tratar de observar el contorno de montañas, árboles o plantas para ver si logras percibir el aura o campo energético. Se requiere algo de práctica. Consiste en relajar la vista como tratando de fijarla en un punto adelante del objeto del cual se quiera percibir el aura. El fondo oscuro de cielo en el atardecer o el amanecer son perfectos para este ejercicio. El campo energético se ve como una luz blanca o amarillosa que rodea a todos los objetos de manera pareja en todo el contorno, y que puede cambiar de intensidad y color, según se vaya practicando su percepción. Las auras de las personas son dinámicas, mientras que las de las plantas son más estables. Lo importante es estar relajado. Hay que permitir que todos estos procesos se den de la manera más natural posible. Está atento a tu percepción sobre las personas. ¿Los notas felices, tristes o preocupados? Interésate sinceramente por otros. Trata de percibir si el día va a ser soleado o lluvioso, o de adivinar qué color de ropa estará usando una persona con la que te vas a encontrar. Puedes vestir de azul índigo para evocar la vibración de la luz correspondiente con el chakra del tercer ojo.

Domingo: Este es el día para el séptimo chakra y resulta perfecto si eres católico/cristiano y atiendes servicios religiosos. Asiste a la iglesia o templo con tu chakra corona activado. Imagínate que un haz de luz blanca cristal y violeta te penetra y llena totalmente. Percibe la energía del contorno y escucha intensamente el mensaje del día. Nota cómo este mensaje se aplica justamente a tu inquietud presente. Abre el corazón ante la intención del proceso comunitario de la conexión con Dios y si comulgas hazlo con la intención de recibir plenamente esta energía de vibración alta. Permite que la energía sea proyectada intencionalmente a través tuyo y observa cómo las personas en tu contorno parecen con un semblante más agradable y amoroso. Sonríe y Siéntete UNO con todo y con todos.

Si no acostumbras ir a la iglesia o templo, o no deseas hacerlo, dedica el día de todos modos a conservar esta conexión y a proyectar buena voluntad y una sonrisa donde vayas. Sentirás como la energía de vibración alta que emanas es devuelta inmediatamente por los demás. Relájate y disfruta esta experiencia. Nota cómo todo fluye maravillosamente para que tu día sea especial. Si lo deseas, viste de color blanco o púrpura y reflexiona sobre la tolerancia y el perdón. Es también un día perfecto para pasarlo en la naturaleza observando la belleza de lo que te rodea en detalle y entrando en un estado de calma disfrutando actividades al aire libre, mientras que permites que todos tus sentidos estén abiertos a la experiencia de la energía de la Madre Tierra. Permite que su energía te penetra y llena completamente.

CAPITULO IV

Viviendo en el ahora

Vivimos constantemente ya sea recordando lo que nos ha sucedido en el pasado, bueno o malo, u obsesionados con el futuro y las metas que tenemos o las preocupaciones de todas las cosas desagradables que nos puede suceder y cómo tratar de evitarlas. Nuestros días son un movimiento constante y automatizado en una carrera contra el reloj para tratar de acomodar todas las actividades que nos hemos propuesto a completar, muchas de las cuales son impuestas por nuestra percepción de lo que otros esperan de nosotros, y las obligaciones que tenemos según el mundo que hayamos creado a nuestro alrededor.

Estamos tan distraídos y automatizados en las tareas cotidianas que se nos ha olvidado disfrutar de los momentos de los cuales se compone la vida. La pregunta sería entonces: ¿si hoy fuera mi último día en este mundo, lo pasaría cumpliendo con la lista de cosas para hacer? ¿Cómo pasaría mi día y con quién?

Claro, esto parecería impráctico y hasta imposible, ¿verdad? Pero, ¿lo es?

En el capítulo sobre meditación sugerí una meditación en la cual aprendimos a concientizarnos de cada uno de los sentidos físicos. Espero que se también se hayan tomado el tiempo para practicar la meditación para equilibrar las chakras, en la cual nos concentramos en cada uno de los cinco sentidos, uno por día. El secreto de la felicidad empieza con la práctica de estar conectado al mundo conscientemente, a través de los sentidos.

Para la mente no puede haber más de un pensamiento o emoción a la vez; tampoco se puede vivir en el pasado con su carga de resentimientos o memorias melancólicas, ni en el futuro, en el cual pensamos generalmente solamente en conexión con preocupaciones sobre eventos que, al fin y al cabo, gracias a la Providencia, nunca llegan a suceder. Lo único que existe verdaderamente es el momento presente, y la única decisión real que tenemos es cómo vamos a experimentarlo y expresarlo. Al vivir con todos nuestros sentidos en el presente, conseguimos conectarnos de nuevo con la vida, fluir intensamente con los acontecimientos de manera consciente y presente, dejar ir nuestros deseos ya formulados por el corazón y visualizados por la mente, desapegarnos de expectativas de cómo y cuándo se realizará lo que sea que deseamos en el futuro y olvidamos los rencores, temores, dudas, y todo lo que nos obstaculiza en nuestro camino para la manifestación de la vida que nacimos para experimentar.

Estar presente en el momento nos permite concentrarnos ya sea compartiendo con los seres queridos, realizando actividades que nos apasionan y dan sentido a nuestra existencia, o simplemente disfrutando de los placeres sencillos que nos ofrece la vida. Vivir en el presente nos permite enriquecer el alma y cumplir con el primer cometido del ser humano: experimentar la vida plenamente..

El vivir en el ahora no implica necesariamente que nos dediquemos solamente a perseguir los placeré personales de manera egocéntrica e irresponsable. Se trata simplemente de tener una actitud ante la vida en la cual estamos presentes y realmente vivos en el momento, que es, al fin y al cabo, la materialización de las expectativas que tuvimos en el pasado.

En la vida hay momentos desagradables, dolorosos e incómodos; se necesita valentía para vivirlos, pero al hacerlo estamos permitiendo que se lleven a cabo, que fluyan, y que pasen. Nos permitimos reír cuando es el momento de reír y llorar en los momentos de llorar. Honramos nuestros sentimientos sanamente en el instante indicado ya que hay que manejarlos tarde o temprano. Luego los dejamos ir. Las emociones bloqueadas e ignoradas por la mente consciente suelen convertirse en un volcán que tarde o temprano hace erupción. El vivirlas en el momento sin analizarlas, permite que sean pasajeras, pues todo lo es.

Pero y ¿qué hacer en el ahora cuando estamos en una relación o trabajo que no nos hace felices? Vivir en el momento nos permite estar atentos a soluciones y cambios que no habíamos visto. Encontramos maneras creativas de disfrutar, mejorar y cambiar nuestras circunstancias, o simplemente descubrir que haciendo pequeños ajustes en nuestras condiciones y percepción podemos tener paz y hasta ser felices mientras que llegan los cambios que el corazón realmente desea.

Recordemos que lo único permanente es la impermanencia misma. El vivir en el ahora nos permite dejar que los cambios en las circunstancias que no podemos controlar sucedan sin resistencia. Si a esto añadimos la fe y confianza de que todo lo que sucede en nuestras vidas fluye de acuerdo a un plan divino del cual somos parte, entonces podremos dejar ir la necesidad de control y lograremos tener paz.

Al saber que todo pasa, que somos, ante todo, seres energéticos con conciencia y que la muerte no existe, entonces, con el solo hecho de estar en el mundo ya lo tenemos todo ganado. La cuestión es aprovechar la oportunidad de ser parte de esta aventura estando completamente despiertos y atentos.

Cuarta Semana:

1. Oración en gratitud
2. Meditación pasiva de 10 minutos una o dos veces al día
3. Vivir completamente en el ahora ayudándose a través del uso consciente de los sentidos físicos. Mirar el día a través del niño interior gozando de las cosas simples y permitiéndose el jugar un poco.

CAPITULO V

Reconectándonos con la intuición

La intuición es simplemente el nombre que se le da al tipo de percepciones que reciben los sentidos físicos más sutiles que se encuentran en nuestro ser. De una forma u otra todos hemos experimentado conocimientos y advertencias sobre situaciones y personas, las cuales no tienen explicación racional pero que resultan ser infalibles. Casi todos nos hemos arrepentido en alguna ocasión de haber actuado o dejado de actuar de acuerdo a lo que nos indicaba nuestro instinto. Relacionamos el instinto con la conducta animal pero la descontamos cuando se trata de nosotros. El llamado instinto es la percepción de información energética, como ya vimos, que existe a diferentes niveles de conciencia. Todos tenemos la capacidad de percibir información, pero cada persona la recibe e interpreta de manera diferente.

A todos nos ha sucedido que pensamos en alguna persona y ésta se comunica de pronto, o nos la encontramos en el lugar y momento menos esperado. Tenemos la sensación de haber estado previamente en un lugar y escena que nuestra mente consciente sabe que no ha visitado. Sentimos la necesidad de tomar cierta decisión financiera, la cual resulta ser muy importante, sea que sigamos o no nuestra intuición. Hemos escuchado muchísimas historias de madres o padres que simplemente saben que algo le ha sucedido a un hijo que está lejos, etc.

Estos son ejemplos, más o menos dramáticos, del comportamiento de la intuición. La información energética se percibe a través de todos los sentidos físicos y también a través de visualizaciones, sueños, inspiración, etc. La claridad de estos mensajes depende de la sensibilidad de cada persona a sus percepciones y a la manera como interpreta la información energética que está descargando constantemente, como lo haría una computadora con respecto a la red cibernética.

De cada cual depende decidir si aprende a aprovechar esta percepción para guiarse en el camino de la vida, o si la desecha y desaprovecha.

Las conexiones ya existen en el cuerpo y lo que se necesita es, simplemente, extender estas vías de informática a los procesos conscientes de la mente.

La mejor forma desarrollar la intuición es a través del vivir en el ahora, tener los sentidos físicos abiertos y presentes, y ante todo tener la intención de percibir ya que esto activa todos los sistemas.

Quinta Semana:

1. Oración en gratitud

2. Meditar 10-15 minutos 1 o 2 veces al día
3. Vivir en el ahora a través de los sentidos físicos: concéntrate completamente en la actividad que estas realizando en el momento
4. Permite actuar a ratos, a través de tu niño interior
5. Concéntrate en el área del corazón para decidir cómo conducir los asuntos de tu día; hazle caso a tus corazonadas

CAPITULO VI

El observador

Toda realidad palpable, es decir, materializada, se inicia con un pensamiento-forma impulsado por el simple acto del deseo-emoción. Hemos visto que todos los seres estamos continuamente creando según la capacidad que cada cual tiene de imaginar lo que es posible, y cómo el entendimiento de este proceso puede conducirnos al aprovechamiento de este conocimiento para alinearnos y fluir, permitiendo que el resultado final sea el óptimo para nosotros, o la vida ideal y abundante.

Entonces lo lógico es concluir que el primer paso consiste en crear el pensamiento-forma de la mejor manera posible pues éste es la semilla que contiene el principio de la materialización. A través de la maestría del pensamiento y el enfoque de la energía en el resultado final se dan todas las acciones, circunstancias y coincidencias que permiten que el plan se lleve a cabo.

Recordemos que la información que recibe el universo es, ni más ni menos, la que enviamos y que la imaginación es el lenguaje energético que éste comprende. Lo imaginado en el temor y lo imaginado en la esperanza siguen siendo imágenes recibidas que se van a materializar según la intensidad de la emoción y el sostenimiento del enfoque. Por esta razón es que el ser conscientes de los pensamientos es la clave para iniciar el proceso de la disciplina mental.

El primer paso consiste en ser el observador de los pensamientos y del dialogo interior. Caeremos en cuenta de que tenemos miles de pensamientos en una hora y que éstos son prácticamente automáticos. El ruido mental al que estamos sometidos y acostumbrados es enorme, al punto que con frecuencia no sabemos ni siquiera lo que hemos estado pensando. El sentimiento de ansiedad, temor y duda suelen ser la única pista de que algo no anda bien en nuestro ser, y hasta este sentimiento de inseguridad resulta ser totalmente habitual. Estamos acostumbrados a existir de modo automático e inconsciente.

Al tomar una posición de observación damos un cambio inmediato a la dinámica del pensamiento. En primer lugar empezamos a notar que la mayoría de lo que pensamos es negativo. Tenemos deseos y esperanzas que casi inmediatamente después de haber sido formulados son descartados por la duda y todas las posibilidades de todo lo que puede suceder para obstaculizar lo deseado. Estamos emitiendo un pensamiento-forma u oración, seguida del efecto contrario. ¡Esto equivale a tratar de manejar un automóvil con el pie en el acelerador y el freno a la vez! Si formuláramos estos pensamientos en voz alta al pedirle algo al jefe, por ejemplo, lo llenaríamos totalmente de confusión. Y es que eso somos la mayor parte del tiempo. Un nudo completo e indeciso formulando pedidos contrarios. Con tanta confusión y señales encontradas, ¡parece increíble que algo en la vida nos funcione! Lo que se termina realizando es lo que está en lo más profundo de la mente y el corazón, es decir los deseos más ardientes y profundos, y las situaciones a las que estamos acostumbrados desde la infancia a través de patrones repetitivos, pues éstas son las que encajan en nuestro sistema de convicciones.

Pues bien, al tomar el punto de vista del observador, empezamos a llevar a la conciencia el bosquejo de cómo funciona la mente, de la enorme cantidad de pensamientos que nos sabotean a diario, y llegamos inevitablemente a la conclusión de que estamos justo en el lugar que nos hemos construido a través de ellos.

El siguiente paso consiste en jugar a que esos pensamientos le pertenecen a otra persona. Caeremos en cuenta de lo duros que somos con nosotros mismos. De hecho, si le habláramos a otros en los términos que la mayoría de nosotros nos hablamos a nosotros mismos, ¡no tendríamos probablemente ni un solo amigo! Hay que tomar este proceso como una forma de aprendizaje, y sin demasiada auto-critica. Hay añadirle un poquito de sentido del humor a este proceso..

Ayuda mucho el escribir los pensamientos repetitivos y las emociones que éstos evocan. De hecho, al principio, es la emoción lo que nos da la pista de que se atravesó un pensamiento no muy agradable.

El estar presentes en el ahora nos ayuda a disminuir el ruido mental y nos permite concientizarnos mejor de los procesos y hábitos de pensamiento que tenemos. Luego de hacer nota mental o escrita de ellos, procedemos a girarlos por el pensamiento contrario para que la energía continúe siendo enfocada en la dirección positiva y de los deseos. Se puede utilizar la estrategia de titularlo todo "pensamiento" y extenderle energía positiva, especialmente a las emociones y sensaciones físicas desagradables. Inmediatamente viramos el pensamiento negativo, y lo cambiamos por el contrario.

La meditación cotidiana nos da un punto de referencia emocional para saber cuándo estamos permitiendo que los pensamientos nos desequilibren y saboteen. Al saber lo que se siente cuando la mente está en un estado de calma y bienestar se puede efectuar la corrección del pensamiento/emoción en cuanto éste o ésta se presenta.

Recordemos que llevamos una vida entera actuando automáticamente. Hay que tenerse paciencia y comprensión y tomar este ejercicio como algo interesante para evitar frustraciones. El hábito de reemplazar pensamientos se va desarrollando poco a poco hasta que llega el momento en que se pueden pasar horas e incluso días sin pensamientos negativos.

Como ya habíamos dicho los pensamientos-emociones negativos tienen una vibración energética lenta y por lo consiguiente los pensamientos-forma positivos son mucho más poderosos. Entre más tiempo logremos encontrarnos en "la zona" mediante el giro de pensamientos y las técnicas de vivir en el ahora, más rápidamente se llevará a cabo la ley de la atracción. La ley de la atracción cuando está actuando sin los obstáculos de la expectativa del cómo y el cuándo, permite que fluyan en nuestras vidas con más rapidez las coincidencias o sincronicidades por medio de las cuales conocemos y reconocemos a las personas y situaciones que se presentan para la materialización de nuestros planes.

Los pensamientos y emociones de otros también son percibidos por la mente y a veces los confundimos y pensamos que son nuestros. Recordemos que somos estaciones de intercambio de información. Para protegernos de este tipo de intromisión es importante mantenernos en un estado emocional de vibración alta, por ejemplo, en estado de gratitud, contemplación de la belleza, amor, etc.

También podemos pedirle al ángel de la guarda que nos proteja con su escudo energético contra estas influencias y que nos dé fe y esperanza cuando estamos asustados. Dios ha puesto a nuestra disposición a los ángeles, maestros ascendidos y guías que están allí para asistirnos en este proceso. Hay que recordar siempre que no estamos solos, y pedir aun cuando la fe no sea muy fuerte. ¡De hecho podemos pedir que se nos conceda ayuda para tener fe!

Hoy en día estamos muy conscientes sobre la conexión entre lo que comemos y nuestra salud. Tratamos de disminuir o evitar la ingestión de la comida chatarra.

De la misma manera como queremos proteger nuestro cuerpo del insumo de sustancias dañinas, es muy importante discriminar mejor en cuanto al tipo de información a la que nos exponemos, como por ejemplo el tipo de conversaciones que escuchamos o en las que tomamos parte, programas de televisión, películas, tipo y mensaje de la música, amistades y su influencia en nosotros, etc., e inclusive los tipos de ambiente a los que nos exponemos. Es muy importante revisar nuestro estado de ánimo cuando estamos con otras personas y ya sea cambiar el tema de conversación o alejarnos de quienes no nos ayudan en este proceso. Recordemos que la información que nos provoca reacciones emocionales va a ser memorizada a nivel inconsciente y tendrá influencia en nuestras convicciones. Por esto procuremos exponernos a personas, distracciones y situaciones edificantes y que nos hacen sentir bien. Sobra decir que lo mismo se aplicaría al tipo de información sensorial y mental a la que exponemos a los niños y que podemos controlar durante nuestra rutina (música, programas de televisión, películas, conversaciones, palabras que utilizamos para corregirlos y expresarnos, etc.), y el tipo de energía que aceptamos de nuestro medio ambiente y los demás.

Sexta Semana:

1. Oración intencional en gratitud
2. Continuamos con nuestra rutina de meditación de mínimo 10 a 15 minutos 1 a 2 veces al día
3. Vivimos en el ahora por medio de la utilización consciente de nuestros sentidos físicos y nos permitimos gozar de las cosas pequeñas
4. Obedecemos las corazonadas
5. Practicamos el viraje en eje de los pensamientos, sin tensión.
6. Escribimos al final del día los pensamientos negativos que recordemos pues son los que nos han hecho sentir mal.

CAPITULO VII

Misión y propósito de vida

Somos seres espirituales viviendo una experiencia humana, con el objetivo de evolucionar y ascender. Y ¡he aquí el meollo del asunto! Al tener la libertad absoluta de elegir de acuerdo a la ley del libre albedrío, ¿cómo aprenderíamos las lecciones necesarias, si no pudiéramos escoger la escuela y el nivel a cursar?

Antes de nacer el alma escoge y realiza contratos con otros seres para crear las circunstancias necesarias para el aprendizaje de las lecciones. Se necesita muchísima valentía para exponernos a los peligros, retos y situaciones dolorosas necesarias para llevar a cabo este cometido, y muchos compañeros de escuela. Nosotros escogemos a nuestros padres, el lugar y circunstancias de nuestra entrada en el mundo, y todos los demás personajes y localizaciones de la realidad en la cual nos vamos a desenvolver.

Todos los participantes en nuestras vidas son igualmente importantes: los que amamos y nos aman, y tal vez, aun más, aquellos que son nuestros némesis, pues es de ellos quienes aprendemos las mayores lecciones. Este grupo de almas constituye nuestro grupo espiritual.

Por esta razón es que llegan a nuestras vidas personas que nos dan la sensación de ser conocidas, aun cuando sean nuevas. También es muy común que haya personas que son nuestros enemigos acérrimos, sin causa aparente, o una persona que resulta ser el amor a primera vista con la cual a lo mejor revivamos una relación que puede ser bella y positiva, o adictiva y desastrosa, y que inexplicablemente resulta ser el tema central de la vida. Las relaciones odio-amor son un ejemplo de este tipo de circunstancia kármica que se repite una y otra vez entre las misma almas, hasta ser resuelta. Otras situaciones son las de amistades muy profundas y apegos afectivos y muy especiales por alguien en la familia.

También se presentan patrones de conducta y circunstancias recurrentes que sabemos que necesitamos superar pero nos parece casi imposible hacerlo.

La conexión entre las almas de los grupos espirituales y su interrelación es tal que existe a todos los niveles desde la memoria celular y las características familiares transmitidas a través del ADN, y en las memorias espirituales de las relaciones y experiencias que han tenido unos con otros.

La memoria consciente física no tiene recolección de estas memorias pues ésta es nueva en el cerebro del cuerpo que recibimos al nacer y que empieza a almacenar memorias de experiencias nuevas. Sin embargo, en el nivel de la conciencia espiritual o mente superior lo recordamos todo. Esta memoria se expresa a través del subconsciente o cuerpo emocional, pues la emoción es la expresión energética de los pensamientos y experiencias, y se lleva de una vida a la siguiente. Las memorias celulares se despiertan y refuerzan cuando hay experiencias similares en la vida nueva. El karma, es decir, el conjunto de traumas y consecuencias negativas de actos, se llevan en este cuerpo o memoria, y son precisamente éstas las situaciones a las que venimos programados para exponernos.

Venimos al mundo para revivir y superar nuestro karma, y desafortunadamente también creamos deudas nuevas. De la misma manera, estamos creando experiencias positivas y superando deudas para crecer y aumentar nuestra vibración. Cada generación humana dentro de cada grupo espiritual va aumentando la vibración entre si y en su interrelación con otros grupos, y el mundo. Depende de cada corriente de vida o ser individual decidir qué tanto va a adelantar su evolución en una vida y cuáles son las deudas que va a superar o adquirir. El balance final de cada vida lo decide cada alma cuando ve pasar delante sí la representación detallada de todos sus pensamientos, emociones, actos e intenciones. De este reporte del alma depende el siguiente paso en la evolución.

La razón principal de la existencia es, entonces, la de vivir la experiencia buscando la felicidad, pues la vida en sí es la razón de ser de la Creación. Dentro de la experiencia de vida, la misión sería el camino trazado antes del nacimiento dentro de las circunstancias escogidas como escenario. La misión es entonces la manera o papel mediante el cual la persona se desempeña dentro de este escenario. Aun cuando el "libreto" y la historia ya estén escritos, por decir algo, el libre albedrío está siempre al mando y cada cual decide cómo llevar a cabo su papel y, según las decisiones que tome y su manera de actuar, se decidirá el desenlace.

¿En qué consiste entonces el propósito de vida?
Si la misión es el papel escogido, es decir, el ser hombre o mujer, rico o pobre, los talentos y limitaciones, el aspecto físico, la ocupación o profesión que se escoja, las circunstancias y experiencias importantes, los compañeros de vida, etc., el propósito de vida seria aquel que sirve los aspectos más elevados del ser. Es decir, aquellos que tienen que ver con el servicio amoroso a los demás, y al mundo. Existe abundancia y plenitud cuando la misión y el propósito de vida están alineados.

La misión de vida cambia según las etapas de la vida. Sin embargo el propósito final del alma es siempre el mismo: la evolución hacia el amor incondicional o universal .
Se puede ser muy exitoso si la misión que se ha escogido es la de ser un comerciante rico y poderoso, por ejemplo. Si esta misión se ha cumplido y se goza de plenitud en el corazón, quiere decir que el propósito de vida también está llevándose a cabo. En general este tipo de misión es satisfactoria y feliz cuando está motivada por la intención de proveer con abundancia a los seres queridos, tener experiencias enriquecedoras, ser un miembro que aporta en la comunidad y que utiliza su poder para el beneficio de los menos afortunados, y ayudar, de alguna forma, para el mejoramiento del mundo.

Por la ley de la Causa y Efecto todos los pensamientos, palabras, emociones y actos tienen consecuencias de efecto dominó, y que son imposibles para cada uno de nosotros de ver o siquiera imaginar en el plano de existencia en el mundo. Durante la revisión de la vida ante la Junta Karmica es cuando podremos ver toda esta dinámica. El aspecto más importante en todo el proceso es la intención.

Ya sabemos entonces la importancia de que nuestra misión y propósito divino estén alineados. Una de las preguntas más frecuentes de mis amigos y clientes es: ¿Cuál es mi propósito divino? He logrado muchas cosas pero siento que me falta algo. ¡No soy feliz! ¡Quiero hacer algo importante y ayudar a los demás! ¡Quiero tener un impacto positivo en el mundo y ayudar a cambiarlo!

Mi primera pregunta es: "¿Te gusta la actividad que desempeñas?"
Cuando la respuesta es "SI", entonces simplemente hay que buscar maneras de aplicar los talentos y pasión por dicha actividad de manera alineada con el bien común o una meta que abarque un logro más importante.

Tengo una amiga que lleva 20 años trabajando para una compañía multinacional en el área de mercadeo y comunicaciones. Le gusta mucho su trabajo por lo cual le va bien y goza del respeto de sus colegas. También le gusta la compañía pues es muy flexible en cuanto a que ella puede trabajar desde su casa la mayor parte del tiempo y puede planear su trabajo de manera que haya un equilibrio entre su vida familiar y laboral.

Pero llegó un punto en el que se sintió estancada; su necesidad de crecimiento ya no estaba siendo satisfecha. Resolvió entonces aplicar su experiencia y posición para mejorar situaciones de trabajo en oficinas donde no había el rendimiento óptimo y algunas que incluso estaban fracasando. Su experiencia le indicaba que los procesos de crecimiento personal de los empleados y su nivel de inclusión dentro los procesos de la empresa, tanto desde el punto de vista del trabajo en equipo, como de las oportunidades para el crecimiento profesional de los empleados dentro de la organización, eran claves para lograr el bienestar y el progreso de todos.

Decidió utilizar sus conocimientos y posición para llevar a cabo un nuevo enfoque de integración de todas las aéreas de la empresa impulsando y creando un ambiente de confianza y respeto entre todos y un sentido de conexión entre las áreas de la organización. Creó un ambiente de dialogo positivo para que hubiera comprensión y buena comunicación donde los empleados empezaron a ser contribuyentes creativos y respetados en los procesos de la empresa y en la solución de problemas, a la vez que se facilitaba la resolución de conflictos personales. En pocos meses su contribución logró salvar una de las oficinas de un cierre donde habría habido una pérdida de casi 150 empleos. A la misma vez tuvo la oportunidad de efectuar un cambio de conciencia en los ejecutivos y los empleados el cual será beneficioso para todos y cada uno de ahora en adelante. Su impacto positivo en la organización, la carrera de los empleados y sus vidas personales tendrá un efecto incalculable.

Este es un ejemplo de cómo una misión de vida puede ser alineada con el Propósito Divino de servicio.

Con frecuencia la respuesta a la pregunta: "¿Te gusta lo que haces?" puede ser: "No", o "¡Estoy listo para un cambio pero no se qué hacer!"
El primer paso sería el de decidir qué tipo de actividad se desempeña con gusto o pasión y que se haría gratuitamente si no necesitara la persona pagar cuentas.

El siguiente paso sería el de decidir y averiguar qué tipo de estudios o certificados se requerirían para llevarla a cabo de manera profesional, de ser estos necesarios.

Luego habría que crear un lema personal que tenga que ver con la actividad escogida y que exprese un valor intrínseco de servicio. Por ejemplo, conozco una persona que es una vendedora profesional de bienes raíces. Esta es su pasión pues le causa gran alegría ayudar a sus clientes a encontrar su hogar ideal y ayudarlos en el engorroso proceso de adquirir financiamiento, etc.
El lema personal es: "Lo más importante para mí son la familia y el hogar. Mi pasión es la de ayudar a las personas a encontrar la mejor casa o apartamento que pueda adquirir según sus medios económicos y donde puedan tener un hogar feliz." El lema de negocios que escogió para las tarjetas de presentación de su empresa es: "Le ayudamos a encontrar su hogar ideal".

El siguiente paso consiste en ir más allá de las expectativas de servicio de los clientes.

En su dedicación, este profesional de los bienes raíces se asegura de que su cliente compre la propiedad ideal, al precio más conveniente, bajo las circunstancias más ventajosas para él o ella, y de la manera más fácil posible. Adicionalmente cuenta con una lista de profesionales honestos y cumplidos que puede referir y la cual incluye abogados, oficinas financieras, contratistas, decoradores, personas que limpian, pintores, instaladores de cortinas, pisos, lámparas, etc. Ellos reciben de él clientela y lo recomiendan a su vez a clientes y amigos que estén buscando comprar casas.

El día de la mudanza sus clientes encuentran una canasta con delicias para celebrar, y una tarjeta de felicitación y bienvenida.

El resultado es que tiene muchos clientes que lo aprecian y lo recomiendan, y su negocio es próspero. Como le va bien tiene la posibilidad y medios para ayudar en obras sociales relacionadas con la vivienda popular, lo cual le da mucha satisfacción.

La siguiente pregunta, además de "cuál es tu actividad favorita", sería entonces decidir qué área general de las actividades humanas o causas te llaman la atención: La familia, el medio ambiente, la educación, la salud física o mental, el bienestar y seguridad financieros, la mejora de las condiciones de vida de las personas, ayudar a los ancianos, desvalidos, huérfanos, animales domésticos o salvajes, ¡en fin! Contempla una causa que te cause preocupación o te apasione.

¿Todavía no estás seguro o segura? Chequea tu corazón. El siempre sabe y todo lo que hay que hacer es permitirnos el derecho de recuperar ese deseo que ha estado enterrado en lo más profundo.

¿Te parece que es demasiado tarde? ¡Nunca lo es! y siempre se puede orientar la actividad que se está ejerciendo para estar involucrado, aun cuando sea en otro aspecto u orientación de la misma.

Me viene a la mente la historia de un chico en E.U. totalmente apasionado por el básquet pero que nació con una condición de enanismo. Es tanta su pasión por el deporte y su dedicación al mismo que se hizo voluntario en su escuela como ayudante del entrenador del equipo en las labores más humildes, convirtiéndose en el muchacho encargado del agua de beber para los jugadores. Gradualmente su entusiasmo y conocimientos le valieron el convertirse en el asistente del entrenador. Hoy en día es un entrenador profesional de equipos colegiales de básquet, querido y respetado por jugadores y colegas.
Para obtener una claridad sobre tu propósito de vida sigue los siguientes pasos:

Decide cuál es tu misión y exprésala en tu lema personal. Piensa cuál actividad te hace feliz al punto de que te dedicarías a ella si no tuvieras que ganarte la vida.

Piensa y decide qué te gustaría lograr como meta final y no te preocupes si parece imposible o demasiado ambiciosa.

Haz una lista de conocimientos y talentos que tengas.

Completa la lista con atributos que son necesarios y que quieras desarrollar, o que deban ser encontrados en otra persona, pues no son parte de tus talentos o intereses.

Recuerda que lo que para ti es una actividad aburrida o antipática es, con seguridad, agradable y hasta apasionante para otra persona. Si vas a buscar socios ten en cuenta que todos tengan la misma intención y la misma visión, y que los aportes en talento, experiencia y/o recursos sean complementarios. De nada te sirve tener todo el talento y la creatividad si no tienes los recursos económicos, y viceversa. Ten en cuenta que el valor complementario del socio es igual y equivalente, ya que el uno sin el otro no da fruto. Trabaja con tus socios el lema que define la empresa, siempre con un trasfondo de servicio.

Haz otra lista que contenga la cantidad de horas disponibles en la semana, herramientas, conexiones y personas conocidas que pueden ayudarte ya sea a iniciarte, entrenarte o financiarte en la actividad en cuestión.

Si tienes un buen trabajo y no lo puedes dejar de inmediato para perseguir tu sueño, empieza en tus horas libres y ejecuta un plan que te permita efectuar un cambio gradual. Puedes considerar buscar un empleo en el sector que te interesa, hacerte miembro de una sociedad o club, hacer voluntariado, etc.

Ten en cuenta si hay conocimientos, certificados o licencias que necesitas adquirir o actualizar, e inscríbete de inmediato en las clases necesarias.

Termina haciendo una lista de pasos iniciales y asegúrate de trabajar por lo menos en un aspecto de tu plan todos los días.

Divide la lista de metas en tres partes: a uno, tres, seis meses y un año. Ponles fechas para completarlos. Revísala periódicamente.

No te permitas quedar atrapado en tu zona de confort; empieza a actuar de inmediato.

Comparte tus planes solamente con las personas que consideras estrictamente necesarias para cumplir con tu plan siguiendo el impulso de tu corazón, y las que sabes que te van a apoyar. Cuando en duda, abstente.

Sucede con frecuencia que lo que nos separa de experimentar una vida plena no es necesariamente que las actividades y las relaciones que tenemos no sean las ideales, sino que nos hemos permitido caer en rutinas que nos hacen sentir estancados. Antes de considerar lanzarse a una actividad nueva o tomar decisiones drásticas en cuanto a relaciones de pareja hay que preguntarse simplemente si todo lo que nos falta, tal vez, es utilizar nuestra creatividad para encontrar maneras de mejorar y alinear nuestras vidas con los deseos más íntimos del corazón. A veces lo único que necesitamos es, simplemente, experimentar un cambio de perspectiva y atrevernos a ir un paso más allá; darle un mayor valor a lo que tenemos, y dedicarnos más de lleno y con amor a los seres que están en nuestras vidas.

Séptima Semana:

1. Oración Eficaz en gratitud: enumera todas las bendiciones en tu vida
2. Meditación pasiva de 10-15 minutos una o dos veces al día
3. Aun en estado meditativo y centrado en la chakra del corazón contempla cual es el talento que te fluye con más naturalidad, en conexión con tu actividad favorita. ¿Eres, por naturaleza, maestro, sanador, artista inspirador, amante de la naturaleza, de los niños, inspiras y motivas a los jóvenes, haces reír, sabes escuchar, etc.?¿Cuáles son tus pasatiempos?
4. Vive en el ahora y fluye con tu corazón y los acontecimientos del día.
5. Gira pensamientos y emociones negativas. Repasa y actualiza tu lista de pensamientos recurrentes.
6. Contempla un atributo del espíritu: paz, fe, confianza, templanza, perdón, compasión, generosidad, etc. Escríbelo y ponlo a la vista; dedica esta semana a vivir este don. Es posible que el primer atributo que te venga a la mente sea la pista de tu misión y lema de vida.
7. Reflexiona sobre tu misión y escribe la frase o lema que mejor describa tu atributo personal de servicio.
8. Sigue los pasos descritos y descubre tu propósito de vida.

CAPITULO VIII

Conociendo la crisálida

La crisálida de cada persona está compuesta por sus convicciones, temores y hasta experiencias ancestrales heredadas a nivel celular. Esta crisálida es el mundo que nos envuelve y nos da una sensación de comodidad dentro de la familiaridad, pero a la vez nos limita y nos encasilla en dentro de una muralla de patrones de conducta que no nos permiten crecer más allá de sus paredes.

Ya iniciaste el proceso de conocer tu crisálida cuando empezaste a hacer la lista de pensamientos negativos y limitantes que aparecen constantemente en la mente. Recordemos que la tendencia de la mente es la de registrar y recordar aquella información que está alineada con nuestro sistema de convicciones. Detrás de cada pensamiento negativo o limitante hay una convicción.

Además de la lista de pensamientos negativos actualizada a diario, si es posible, empecemos a agregar comentarios recurrentes de los padres y personas de influencia que recordemos, durante nuestros años de crecimiento. Estemos pendientes de refranes que utilizamos nosotros o que otros expresan y que aceptamos como verdades. Tomémonos el tiempo para recordar y escribir estos refranes y comentarios y la convicción que cada uno encierra dentro de sí. Por supuesto que hay muchos refranes sabios y que tienen un mensaje positivo. Como: "El que persevera alcanza". Siempre y cuando la perseverancia no se confunda con terquedad y la persecución de fines que provienen del ego que no están alineados con el bien personal o común. Lo importante del refrán es la connotación que tiene para cada persona.

"No hay mal que por bien no venga": la connotación para mí era muy buena. Decía que todo lo malo que sucede termina siendo solamente algo pasajero y algo muy bueno siempre sucede después. Sin embargo, para una amiga mía muy querida, la connotación de este refrán es que siempre sucede algo malo como "pago" para que sucedan cosas buenas.

"Donde manda capitán no manda marinero". Está bien si se trata de respetar jerarquías, claro a no ser que sea dicho por una figura autoritaria y tirana que convenza al niño o joven que será siempre un segundón y que debe obedecer sin rechistar, quitándole así la capacidad de auto-determinación.

Empieza a reflexionar sobre cómo los comentarios, refranes y expresiones te hacen sentir y la convicción que éstos implican para ti en las diferentes áreas de la vida, como:

- La relación consigo mismo: el valor como persona y la auto-estima, las convicciones de ser o no agradable a los demás, si se es una persona inteligente, buena o mala, fea o atractiva, capaz, talentosa, amada, saludable, merecedora de la abundancia y el éxito, etc.
- ¿Es la salud o enfermedad algo que se hereda obligadamente? ¿Depende el estado de salud de uno mismo o de circunstancias ajenas? Son las convicciones sobre la salud: "soy una persona fuerte y saludable, las decisiones medicas son mi responsabilidad o la de otros, son las medicinas las que lo sanan a uno o es el cuerpo el que se sana a sí mismo, es mi cuerpo una especie de máquina biológica o tienen mis emociones conexión con mi estado de salud, me preocupo demasiado por mi salud, me descuido totalmente", etc.
- Relación con las demás personas: la mayoría de la gente es mala o buena, es la gente interesada, sincera o hipócrita, egoísta o generosa, me agradan o no, les agrado o no, pertenezco al grupo o no, son confiables o no, etc.
- Relación de pareja: ¿Son las mujeres buenas o malas, interesadas y superficiales o inteligentes y capaces, sirven solamente para pasar el rato y criar hijos, son equivalentes a los hombres como personas, necesitan ser controladas o no, se puede tener una relación de igual a igual entre un hombre y una mujer, pueden un hombre y una mujer ser amigos y amantes? ¿Son todos los hombres infieles? ¿Qué tanto importa en un hombre su capacidad como proveedor o su éxito profesional? ¿Cuál es la relación de pareja ideal? ¿Necesitan los hombres ser manipulados para lograr lo que uno quiere? ¿Son los hombres en general egoístas o generosos, buenos o

malos? ¿Son todas las mujeres unas histéricas irracionales? Vale la pena recordar cómo era la relación de los padres y los comentarios que hacían/hacen el uno del otro. ¿Se parece tu relación de pareja actual a la de ellos, o es, de pronto, diametralmente opuesta?

- Relación con el dinero: ¿Es el dinero bueno o malo? ¿Es el mundo un lugar de abundancia o escasez? ¿Merezco yo la prosperidad? ¿Se puede ser bueno y rico, sano y rico, rico y feliz, honesto y rico, generoso y rico? ¿Son los lujos y darse gustos personales algo pecaminoso? ¿Para ser rico es necesario quitarle a otros? ¿Es malo o injusto ser rico mientras que haya otros que no lo son? ¿Es el dinero el origen de todo lo malo y corrupto? Etc.
- Relación con respecto al éxito o fracaso: ¿Soy merecedor del éxito? ¿Soy capaz de ser exitoso? ¿Es cierto que si tengo éxito en un aspecto de la vida voy a fallar inevitablemente en otro? No se puede tenerlo todo, ¿o sí? "Soy un fracasado, siempre pierdo, siempre llego de ultimas, el éxito es algo que le sucede a los demás, se puede lograr el éxito honestamente y sin perjudicar a nadie, si tengo éxito voy a perder el amor de mi familia o amigos, no quiero ser el foco de envidias y resentimientos y prefiero no tener éxito, si tengo éxito y llego a mi meta, ¿qué pasará después conmigo? ¿Qué pasaría que después de darlo todo llego a comprobar que en efecto soy un fracasado? ¿Prefiero quedarme donde estoy por miedo a tratar y perder? "Si mi pareja tiene éxito me va a abandonar". "El éxito es imposible de alcanzar en esta vida a no ser que se "juego sucio"; "toda la gente de mi familia es buena aunque sea mediocre";

"prefiero que mis hijos sean buenos pues el éxito corrompe", etc.

- Con relación a la vida: "La vida es bella" o "la vida es dura, difícil y llena de sufrimientos", ¿es el mundo es un lugar de fundamentalmente agradable y lleno de posibilidades, o un lugar de dolor donde uno nace solo y se muere solo? Los mensajes recurrentes en los medios y conversación de muchas personas, sobre el mundo y las personas son: "El medio ambiente está siendo destruido irremediablemente, los seres humanos son crueles y nunca van a aprender a vivir en paz, no me gustan los bichos, hay que cuidarse de las enfermedades contagiosas, cada día es más la gente enferma, todos los políticos son deshonestos", etc.

Las convicciones opcionales pueden ser: "La naturaleza es maravillosa; el mundo y la vida están llenos de milagros; la bondad de los seres humanos siempre prevalece; la vida está hecha para gozarla; todo lo bueno es posible; mi sueños siempre se hacen realidad; Dios me protege y da todo lo que necesito; nunca estoy solo, etc.

Empieza una lista de convicciones teniendo en cuenta cada una de estas aéreas. Durante el día sé consciente de los comentarios de los demás y de los tuyos propios, y de tu diálogo interior; apunta aquellos en los que estás de acuerdo, pero que empiezas a considerar erróneos. Está atenta o atento a recuerdos de la infancia jugando el papel de observador. Ahora que tu intención es la de conocerte y evolucionar, tu ser interior o Yo Superior va a empezar a ayudarte en este proceso. Hay que dejarse llevar; puedes ser emotivo a ratos, y cuando esto suceda está bien expresarlo en voz alta a sí mismo, siempre y cuando sea un alivio emocional, no un consentimiento a la auto-compasión. Lo mejor cuando se evocan emociones, es tomar otra vez el lugar del observador y simplemente fluir con el proceso. Es indispensable escribir pues esto nos ayuda a ser objetivos, y a determinar mejor el sistema de convicciones. Estamos conociendo nuestra crisálida; nada es bueno ni malo. Todas las experiencias son valiosas como lecciones y al final son positivas cuando nos sirven para crecer y poder comprendernos a nosotros mismos, y por ende, a los demás. Procura agregarle sentido del humor al proceso. Recuerda que todas estas convicciones te han acompañado por mucho tiempo y no seas duro contigo mismo, ni demasiado crítico.

La lista de pensamientos y observaciones sobre las palabras tuyas y de otros te dará un bosquejo de tus convicciones y paradigmas. A partir de esta lista, la cual puedes revisar y actualizar a medida que se desarrolle este proceso, obtendrás tu lista de convicciones.

Una vez estés satisfecho de tener una lista que te provea un mapa mental y emocional de tu personalidad, es hora de recorrer cada convicción, una por una, y preguntarte si te sirve o no para ser lo que quieres llegar a ser. No es necesario que sientas que la lista esta completa. Este proceso se lleva su tiempo y se puede ir revisando.

Es importante ser muy honestos en este proceso y concentrarse en la emoción y aceptarala. No se trata de pasar juicios sobre si las convicciones son la correctas o las esperadas, o no. Simplemente SON y estamos honrando nuestro ser al permitirnos conocerlas y conocernos, y aceptarlas.

Se necesita valentía para verse a sí mismo en la desnudez del ego, pero ¡he aquí el primer paso para empezar a abrirnos camino y romper las paredes del capullo en el que estamos!

Octava Semana:

1. Oración en gratitud pidiendo ayuda en el proceso de auto-descubrimiento
2. Meditación 10-15 min. 1 o 2 veces al día. Utiliza la meditación para equilibrar las chakras ya que estás moviendo muchas emociones en este proceso.
3. Vive en el ahora. Toma mucha agua, ojalá filtrada, evita las comidas pesadas y envíate mucho amor, paciencia y comprensión.
4. Fluye con los acontecimientos y sigue tus corazonadas.
5. Dedica tiempo en tranquilidad y soledad para revisar, actualizar y completar la lista de pensamientos/emociones recurrentes, reflexiona sobre convicciones, memorias de la niñez relacionadas con convicciones en las diferentes aéreas de tu vida. Permanece atento a comentarios de otros que resuenen con tu sistema de convicciones. Escríbelas con la actitud de observador, sin racionalizar emociones negativas que surjan. Permítete experimentar las emociones y déjalas pasar.
6. Termina con una oración de gratitud enumerando todas las bendiciones que has recibido y enviando

perdón/compasión/amor a las personas y circunstancias de la vida que te han hecho daño. Pídele a los ángeles que te guíen en el proceso de auto-conocimiento y que te ayuden con el perdón.

CAPITULO IX

La vida ideal

La semilla de la vida ideal está ya en tu Mente Superior y en tu corazón. La reconocías desde tu primera infancia pero la vida, los paradigmas de tus mayores, la cultura y tus propias convicciones te hicieron pensar que era imposible de obtener. Tu corazón sabe cuáles son tus talentos y qué te hace feliz. Recordaste tu propósito y ya lo enunciaste durante este proceso. Sabes lo que quieres y cómo puedes empezar a conseguirlo. Es el momento de imaginarte viviendo la existencia sobre la tierra que has soñado en lo más íntimo de tus ser.

Esta imagen es la semilla que contiene todo lo necesario para la manifestación de la misma. No te detengas a pensar ni a juzgar si es o no "posible tanta belleza" o si te puede o no suceder a ti. Sé como un niño pequeño a quien no se le ha enseñado aun que existen límites sobre lo que puede esperar del mundo y de sí mismo: sueña despierto en el mayor detalle posible, sintiéndote como si estuvieras ya en ese momento, de la manera más nítida de que seas capaz. Poco a poco podrás imaginar tu vida ideal en mayor detalle y con más facilidad. Empieza a hacer recortes de revistas o imprime palabras e imágenes para tener una idea más clara de tu visión. Consigue una cartulina para hacer un collage o mapa del tesoro.

¡Bienvenido de nuevo a la niñez!

Novena Semana:

1. Oración gratitud pidiendo ayuda para los asuntos del día. Escoge una virtud para contemplar y practicar. Puede ser la confianza en que todo es posible.
2. Meditación de 10-15 minutos por lo menos dos veces al día
3. Aún en estado meditativo imaginar un momento clave de la vida ideal con el mayor detalle posible. Recordar algún momento de felicidad e introducir la visión a la vez que se evoca el sentimiento de felicidad y logro.
4. Reúnete con tu pareja o con una amiga o amigo de confianza y jueguen a que se han dejado de ver por cinco años, y se encuentran en el futuro. Están sentados en un café y se informan mutuamente en dónde se encuentran en su vida (ideal). En esta escena ya todo está cumplido. Si prefieres hacer el ejercicio solo, ayuda mucho a expresarlo en voz alta o escribirlo.
5. Compone y pega el lema o refrán personal, palabras que te definan o quieres que te definan (virtudes y/o talentos) e imágenes de tu vida ideal sobre tu cartulina. Pega todas las otras imágenes y recortes de lo que deseas en todas las áreas: finanzas, propiedades, salud, aspecto físico, relaciones, carrera, viajes, logros, etc. Coloca tu collage en un sitio visible pero trata de no compartirlo demasiado. Puedes también sacarle una foto y tenerlo, adicionalmente, como fondo de pantalla en tu computador. Obsérvalo con frecuencia.
6. Vive en el ahora a través de tus sentidos físicos
7. Fluye en el día con tus corazonadas y sin afanes

8. Completa tu lista de pensamientos negativos recurrentes y convicciones
9. Revisa tu lista de cosas para hacer en el plan de tu propósito de vida. Recuerda tomar por lo menos una acción diaria que te conduzca a su cumplimiento

CAPITULO X

Afirmaciones y decretos

Los pensamientos y las palabras son decretos para el Universo. Recordemos que el Universo es como el genio de la lámpara maravillosa, totalmente literal y sin sentido del humor. Esta es la razón por la cual en la cultura de la superstición y en los cuentos infantiles las brujas y brujos utilizan sortilegios pronunciados en voz alta para manifestar cosas malas, siendo el hada madrina el ser bueno que, pronunciando palabras mágicas, ayuda a realizar los sueños. Detrás de todo esto existe una razón real. El poder de la palabra es enorme y por lo tanto es importante utilizarla para el bien, claro a no ser que quieras recibir el mal por la ley causa-efecto.

¡Ten cuidado con lo que dices y como lo dices! "Ten cuidado de lo que deseas no sea que se convierta en realidad", dice un adagio en Estados Unidos.
Todos los seres humanos tenemos la capacidad del poder de la palabra y este es mayor según la intensidad de emoción y certidumbre con la cual infundamos los decretos cuando los enunciamos. ¡Cuidado con pronunciar palabras poderosas de connotación trágica o negativa en un momento de emoción intensa!

Mamá tenía una amiga muy simpática cuya expresión cotidiana para todo lo que le gustaba o le parecía maravilloso era, por ejemplo: "¡Este postre está de muerte lenta!" Tenía una personalidad agradable y llena de bondad. Su perfeccionismo la llevó a vivir con mucha tensión nerviosa pues no había suficientes horas en el día para poder trabajar, cuidar de su esposo que era un hombre mayor, y mantener una casa absolutamente pulcra. Desafortunadamente, debido a su nivel de stress, y estando todavía joven tuvo un derrame cerebral y se encuentra hace años sin poder casi moverse en lo que se podría interpretar como una "muerte lenta".

¿Coincidencia? ¡Puede ser! Tampoco debemos ser supersticiosos. Sin embargo son muchos los casos y experiencias personales que me llevan a confirmar que se debe resguardar la palabra como un tesoro, pues ésta no es solamente una orden para el universo, sino una expresión de convicciones muy arraigadas.

¿Qué nos impide darle rienda suelta al ego para lograr todo lo que este nos mueva a pedir, y ser personas "malas"? ¡Absolutamente nada! Es por eso que los tiranos del mundo tienen tanto o más poder como los líderes que actúan en aras del bien común. La diferencia entre unos y otros es la intención y el origen de las palabras-forma que se pronuncian y las convicciones que se tienen.

Lo que no se puede olvidar es que la ley universal de la causa-efecto es ineludible y que la felicidad solamente se encuentra cuando los actos están alineados con el propósito del Yo Superior. El tirano obtendrá logros transitorias que satisfacen su ego y sus instintos bajos, pero el resultado final es siempre trágico y las consecuencias kármicas mas grandes y de mayor envergadura en cuanto más sufrimiento haya causado.

Luego de experimentar la vida en sí, la siguiente razón de vida de todos los seres humanos consiste en la búsqueda y el cumplimiento del deseo más íntimo y ardiente: el de encontrar la felicidad. Esta jamás se logra a expensas del dolor de otros.

Es simplemente tonto utilizar nuestra energía y poder en tratar de conseguir metas basadas en las motivaciones del ego, cuando se pueden lograr mayores satisfacciones cuando la motivación viene del alma.

Esta decisión es la que tomamos todos los días y tenemos la libertad absoluta de escoger el camino.
A través de la formulación de afirmaciones y decretos es que logramos penetrar lo rincones más íntimos del ser para poder reemplazar convicciones y por ende, hábitos que no nos permiten desarrollar todo el potencial que tenemos.
La lista de pensamientos y convicciones ya debe haber tomado forma según el compromiso de cada uno, y empezamos a ver un esquema más claro de las convicciones que nos limitan. Ya debemos haber completado nuestra visión de la vida ideal y el mapa del tesoro como refuerzo visual.

En mi trabajo de Life Coach este es el momento por el cual se ha estado trabajando durante todo el proceso. Las afirmaciones que se van a formular son, lógicamente basadas en convicciones que se quieren cambiar permanentemente.
Los decretos son deseos enunciados en voz alta, en tiempo presente y afirmativamente. No es necesario creer en ellos todavía. Precisamente se trata de ir contra convicciones y por eso habrá algo de resistencia. No importa que pensemos que nos estamos mintiendo. Es el momento de perseverar.

A estas alturas de tu proceso has experimentado hechos maravillosos pues te has abierto a las posibilidades del mundo del espíritu. Es posible que se te haya cumplido más de un deseo inesperadamente, que hayas encontrado una relación especial y que te estés sintiendo más feliz y tranquilo. ¡Por favor continua con el proceso! ¡Es en este momento que tienes la oportunidad de reinsertar convicciones en reemplazo de hábitos de pensamientos de manera permanente!

Empezamos ahora una lista nueva, enunciando decretos sobre los atributos que queremos tener. Utiliza tu estilo y expresión propios y básala en tu lista de pensamientos negativos y convicciones que no te sirven. A continuación te daré una lista generalizada como ejemplo:

Lista de decretos

- YO SOY Presencia Divina.
- YO SOY el/la que YO SOY
- YO SOY luz y amor en el mundo
- YO SOY hijo/hija de Dios
- YO SOY inteligente y capaz
- YO SOY eterno
- YO SOY amado/amada incondicionalmente
- Yo tengo seguridad en mí mismo y confió en mis corazonadas
- Todo me sale siempre bien al final
- Poseo todos los talentos y capacidades necesarias para cumplir mis sueños de ser __________ o tener ________ (actividad, carrera, profesión, etc.)
- Yo soy un/una persona (o actividad o profesión) exitoso/exitosa
- Me gusta cuidar mi cuerpo y soy atractivo/atractiva
- Mi cuerpo es maravilloso y perfecto
- Yo soy sano y lleno de vitalidad
- Soy inmune a las enfermedades
- Me veo teniendo una vejez sana, vital y feliz como la de (recordar o buscar a una persona

mayor que se quiera emular)

- Por la ley de atracción todo lo que necesito fluye en mi vida fácilmente
- Dios siempre provee para todas mis necesidades y más
- Siempre tengo todo lo que necesito y más
- Los deseos íntimos de mi corazón siempre se realizan
- Yo fluyo con los acontecimientos
- Tengo paciencia y perseverancia
- Sé cuando necesito ayuda, la pido y la acepto con gratitud
- Disfruto todos los momentos de mi vida en gratitud
- Siempre llego a tiempo
- Siempre termino todo lo que empiezo, a tiempo, sin esfuerzo ni tensión
- Soy calmado y tranquilo
- Atraigo a las personas que me apoyan y ayudan.
- Tengo la pareja ideal.
- Mi pareja y yo nos comprendemos y complementamos
- Mi pareja y yo nos aceptamos como somos y disfrutamos mutuamente de nuestra compañía
- Mi pareja y yo tenemos una relación amorosa, excitante y estable
- Mi pareja me ama y es honesta conmigo
- Mi pareja y yo estamos juntos porque así lo queremos, libremente
- Siempre tengo amor en mi vida
- Atraigo a los amigos ideales en mi vida
- Doy con amor y recibo en gratitud
- Entre más doy, más recibo
- Soy justo en la remuneración de quienes me dan

servicio

- Comparto mi prosperidad generosamente
- Comunico mis sentimientos amorosa y asertivamente
- No tomo nada personal
- Siempre venzo los obstáculos y sé que todo resulta bien al final
- Todos los viajes que he soñado se me hacen realidad. Este año voy a ir a ________
- Mi negocio de ________ aumenta sus ventas en un x% antes de mitad del año
- Este mes voy a ganar $_______ (empieza por lo que consideras que necesitas semanalmente o mensualmente)

  Este año mis ingresos serán de $ _______ (este número debe ser alto y deseado, pero coherente con lo que consideras posible a corto plazo). La cantidad se va aumentando a medida que se vaya alcanzando
- Soy próspero y comparto mi buena fortuna generosamente con todos aquellos que contribuyen a mi éxito
- Ayudo a otros desinteresadamente
- Expreso gratitud y admiración a las otras personas
- Solo personas confiables llegan a mi vida
- Yo vivo en abundancia, mi herencia divina

Esta lista es una sugerencia. Complétala permitiendo que tu sabiduría interior te guíe.
Una vez que sientas que la lista está lo más completa posible imprímela en letras grandes y colores atractivos como azul o violeta. Coloca copias en el lugar donde meditas, al lado de la cama, en la oficina, automóvil, ¡en fin! Ten a la mano alguna copia durante todo el día.

Graba tu voz leyendo la lista de afirmaciones, una vez claramente y la otra con música que te haga sentir paz, y la voz muy suave de manera que apenas se aprecie como fondo de la música, de manera subliminal.

Décima Semana:

1. Oración en gratitud con los pedidos cotidianos, enumerando bendiciones recibidas. Escoger una virtud o atributo que se quiera mejorar o desarrollar.
2. Meditación de 10-15 minutos 2 veces al día.
3. Durante la meditación visualizar en el mayor detalle posible la vida ideal, evocando una emoción intensa de felicidad y triunfo como si el momento se estuviera viviendo en el presente
4. Leer o escuchar la grabación de las afirmaciones y decretos todavía en estado meditativo. Si se desea se puede escuchar la grabación subliminal antes de dormirse.
5. Vivir en el ahora con ayuda de los sentidos físicos y permitiendo que el niño interior surja
6. Practicar el giro de los pensamientos y emociones negativas utilizando las afirmaciones y decretos respectivos y evocando el sentimiento de extender amor u otro sentimiento positivo.
7. Visualizar aspectos de la a vida ideal como si ya se estuviera viviendo durante el día: soñar despierto
8. Leer y escuchar la lista de decretos y afirmaciones en cada oportunidad durante la rutina, incorporándola a la misma sin mayor esfuerzo. Escuchar la lista en el auto o mientras se hace ejercicio, leerla mientras se hace una antesala o durante momentos de descanso, repetirla de memoria cuando no se tengan a la mano otros materiales.

SE LLEVA A CABO ESTA RUTINA DE REENTRENAMIENTO CON DEDICACION DURANTE LOS PROXIMOS **32** DIAS, ¡TODOS LOS DIAS!

Trata de hacer anotaciones en tu bitácora al final del día.

Llevas 10 semanas introduciendo en tu vida una manera alterna de percibir tu realidad, adquiriendo y fortaleciendo tu conexión con el mundo espiritual y tu intuición, y recordando que tu vida es mucho más maravillosa e importante de lo que pensabas. Ahora sabes que eres poseedor/a del poder creativo que Dios te otorgó cuando te creó a su imagen y semejanza, y que cuando lo utilizas en alineación con la buena voluntad dentro de tu corazón, puedes llegar a tener tu vida ideal. Sabes que mereces y puedes vivir en la abundancia y plenitud. Te apliques o no en las tareas que te he propuesto, ya no hay vuelta atrás en tu percepción de ti mismo o misma y del mundo. De ahora en adelante no podrás evitar percibir las coincidencias y manifestaciones extraordinarias en tu vida.

Las posibilidades para cada uno de nosotros son ilimitadas y la evolución del ser puede convertirse ahora en un proceso consciente y proactivo, si así lo deseas.

Espero que recuerdes y continúes utilizando estas herramientas espirituales y otras que empezarás a encontrar en tu camino de conciencia espiritual, y las cuales podrás aplicar en este proceso que es de toda la vida....y, tal vez de muchas vidas más en otros planos de existencia.

Ante todo he querido entregarles mi experiencia, mis consejos con amor y con buena voluntad, y con la fervorosa intención de hacer un pequeño aporte para la ampliación de conciencia. Te deseo una experiencia de vida llena de abundancia y plenitud.

¡Buena suerte ahora que estás desplegando tus alas y lanzándote al vuelo! ¡Que Dios y los seres de luz te acompañen!

SOBRE LA AUTORA

Mariana Bonilla nació en Bogotá, Colombia y se radicó en Estados Unidos hace 29 años.

Vive en el Estado de la Florida con su esposo Rodrigo Posse, sus tres hijos, Laura, Gabriel e Isabella, y su perrito Max.

Se dedicó muchos años con gran entusiasmo a ser madre y esposa. Se ha desempeñado como mujer de negocios exitosa en el área de los bienes raíces y los seguros.

En los últimos años ha desarrollado su carrera de Life Coach Personal aplicando su programa, el cual comparte en este libro.

Mariana es practicante certificada de Reiki II, está certificada como Angel Practitioner por Charles Virtue, y es además Lectora Certificada de Registros Akásicos con ARCI.

Made in the USA
Charleston, SC
17 April 2012